MW01291121

30 French Short Stories for Complete Beginners

Improve your reading and listening skills in French

"Best blog dedicated to the French Language and
Culture for 2014, 2015, and 2016."
(Voted by the language portal bab.la and its community.)

No part of this book, including the audio material, may be copied, reproduced, transmitted, or distributed, in any form, without the prior written permission of the author. For permission requests, write to: Frédéric BIBARD at frederic@talkinfrench.com.

Also available:

10 Bedtime Stories in French and English with audio Vol 1
10 Bedtime Stories in French and English with audio Vol 2
10 Bedtime Stories in French and English with audio Vol 3
Learn French with Stories for Beginners Vol 1-3

For more products by Frédéric BIBARD/Talk in French, visit https://www.amazon.com/Frederic-BIBARD (for US), https://www.amazon.co.uk/Frederic-BIBARD (for UK), or go to https://store.talkinfrench.com.

Contents

Introduction

Everyone loves stories. In fact, humans and stories have a long history together – from stories shared around the campfire to those whispered beneath the moon or told by candlelight. Through the years, storytelling has taken on other uses and other forms, yet it continues to be a part of our daily lives.

Did you know that stories can also be used to learn a new language? With the right tools to tell stories, you can improve your vocabulary and learn grammar structures almost painlessly. Narrated stories will also help improve your reading and listening comprehension.

This collection of 30 very short stories is meant to do exactly that. At only 300 words in length per story, it is especially created for complete beginners with little to no previous experience in learning French.

Learn New Vocabulary Naturally

Grow your vocabulary naturally with everyday dialogues and frequently used French words and expressions. After each story, you will find a list of key words used in the story, together with their English translations. This means you no longer have to reach for a dictionary each time you encounter words you don't understand!

Easily Grasp French Grammar Structures

The stories are written with a good mix of descriptive sentences and simple, casual dialogue. This way, you'll be able to naturally pick up French grammar structures as you read the stories!

Improve Your Reading and Listening Comprehension

At only 300 words per story, readers will be able to quickly grasp the simple yet interesting plots. The stories also come with free audio, narrated by a native French speaker, so you can follow along with both the written and spoken story.

Perfect for Complete Beginners

As a newbie to learning French, it can be quite difficult to find appropriate reading materials at your level. But this collection of stories is created with you in mind. The themes are about day-to-day interaction and everyday living – perfect for complete beginners. You will also find that the words in the stories can easily be used in everyday conversations, while the grammar structures are simple, and easy to grasp.

So are you ready to begin learning French through reading short stories? Let's begin!

Au bureau de poste // At the post office :

The link to download the audio is available at the end of this book. Please go to page 94

Aujourd'hui, je vais envoyer **une lettre** à Chris et Lilly, mes cousins anglais qui habitent à Londres. Je me lève donc à la première heure et je me dirige vers **le bureau de poste** le plus proche de chez moi. Comme j'arrive assez tôt, **il n'y a pas beaucoup de monde à l'intérieur** et je n'ai pas à attendre dans **la file**.

Today, I am going to send a letter to Chris and Lilly, my English cousins who live in London. So, I wake up first thing in the morning and head towards the post office closest to my house. As I get there quite early, there aren't many people inside and I don't have to wait in line.

Derrière **le guichet situé en face de moi**, j'aperçois **une employée** qui me fait signe d'approcher.

- Bonjour. J'ai besoin d'envoyer une lettre en Angleterre s'il vous plaît.

- Bien, mademoiselle. Avez-vous **des timbres** ?

- Non.

- Dans ce cas, il faut en acheter. Veuillez **vous adresser au** guichet d'à côté.

- Merci.

Behind the counter in front of me, I notice an employee signaling me to approach.

- Hello. I need to send a letter to England please.

- Very well, Miss. Do you have stamps?

- No.

- In that case, you must buy some. Please ask at the next counter.

- Thank you.

Devant le second guichet :

- Bonjour. Je veux acheter des timbres.

- Bonjour. C'est pour une lettre ou **un colis** ?

- C'est pour une lettre.

- À quelle destination ?

- L'Angleterre.

- Vous voulez l'envoyer **en recommandé** ?

- Non, **ce n'est pas la peine.**

- D'accord. Il vous faut donc deux timbres, à 2 euros chacun.

In front of the second counter:

- Hello. I want to buy some stamps.

- Hello. Is this for a letter or a package?

- It is for a letter.

- Where is it going?

- England

- Would you like to send it via registered mail?

- No, that's not necessary.

- OK. So, you need two 2 euro stamps.

Je paye les timbres et **je retourne à** la première employée.

- Voici les timbres et la lettre.

- Veuillez réécrire l'adresse avant de coller les timbres. Votre écriture n'est pas très **claire**.

- Oh, j'ai donc besoin d'une deuxième enveloppe ?

- Non, juste réécrivez le nom du pays **en lettres majuscules**.

- D'accord.

- Très bien. **Signez ici** s'il vous plaît.

Elle me donne **un formulaire** que je signe puis que je lui rends.

- **Avez-vous besoin** d'**autre chose** ?

- Non merci. **Au revoir.**

- Au revoir.

I pay for the stamps and I return to the first employee.

- Here are the stamps and the letter.

- Please rewrite the address before attaching the stamps. Your writing is not very clear.

- Oh, so do I need a second envelope?

- No, just rewrite the name of the country in capital letters.

- OK.

- Very good. Sign here please.

She hands me a form which I sign and give back.

- Do you need anything else?

- No, thank you. Goodbye.

- Goodbye.

GLOSSARY :

Une lettre = A letter

A la première heure = Very early (first thing in the morning)

Le bureau de poste = The post office

Il n'y a pas beaucoup de monde à l'intérieur = There aren't many people inside

La file = The line

Le guichet = The counter (or desk)

En face de moi = In front of me

Une employée = An employee

Des timbres = Stamps

Vous adressez au (s'adresser à) = You speak to someone at

Un colis = A parcel, package

En recommandé = Via registered mail

Ce n'est pas la peine = It is not worth it

Je retourne à (retourner à) = I go back to

Ecriture = Handwriting

Claire (f.) = Clear

En lettres majuscules = In capital letters

Signez (signer) ici = Sign here

Un formulaire = A form

Avez-vous besoin… ? = Do you need…?

Autre chose = Anything else

Au revoir = Goodbye

Au restaurant de poisson //
At a seafood restaurant :

Ce soir, Marion et moi sommes invitées à dîner dans un restaurant de poisson **au bord de la mer** pour **fêter** avec Jérôme, notre ami **peintre**, **le bon déroulement** de sa toute première **exposition** au **musée des arts contemporains**.

Jérôme et moi arrivons au même moment et, en attendant Marion, nous nous mettons à une table **avec vue sur la mer**.

This evening, Marion and I are invited to dinner at a seafood restaurant at the seaside with Jérôme, our painter friend, to celebrate the successful opening of his very first exposition at the contemporary art museum.

Jérôme and I arrive at the same time and, while waiting for Marion, we are seated at a table with a sea view.

Au bout de quelques minutes, un serveur nous **apporte la carte** et nous demande :

- Bonsoir. **Désirez-vous quelque chose ?**

- Bonsoir, merci mais on attend quelqu'un.

- Bien sûr, comme vous voulez. Soyez les bienvenus, dit le serveur **en s'éloignant discrètement.**

Installé bien au chaud, Jérôme se met à regarder la carte pendant que j'admire le paysage magnifique à l'extérieur.

After a few minutes, a waiter brings us the menu and asks:

- Good evening, would you like anything?

- Good evening. Thank you, but we are waiting for someone.

- Of course, as you wish. Welcome, says the waiter, whilst discretely walking away.

Sat comfortably in the warm, Jérôme starts to look at the menu whilst I admire the magnificent view outside.

Marion arrive enfin dix minutes après, s'excuse rapidement du retard et s'assoit avec nous. Jérôme appelle alors un serveur :

- Bonsoir, **je vais prendre** une salade de **langouste** en entrée et ensuite des **rougets grillés.**

- Bien, monsieur. Et pour le dessert ?

- **Pouvez-vous m'apporter** une glace aux framboises s'il vous plaît ?

- Avec plaisir ! Mesdemoiselles, dit le serveur en s'adressant à Marion et moi, que désirez-vous ?

- Je vais prendre une salade de foie gras en entrée, **une bouillabaisse** avec langouste et un moelleux au chocolat pour le dessert, dis-je.

- Je prends la même chose qu'Yviane avec une tarte aux fraises pour le dessert, lui répond Marion.

- Très bien. Je vous sers quelque chose à boire ?

- Du champagne rosé s'il vous plaît, dit Jérôme.

- Bien, **c'est tout ?**

- Oui, merci beaucoup.

- Je reviens tout de suite.

Marion finally arrives ten minutes later, excuses herself quickly for being late and sits with us. Then, Jérôme calls over a waiter:

- **Good evening, I will have a lobster salad to start and then the grilled red mullet.**

- **Very well, Sir. And for dessert?**

- **Can you bring me a raspberry ice cream please?**

- **With pleasure! Ladies, says the waiter addressing Marion and me, what would you like?**

- **I will have a foie gras salad to start, a bouillabaisse with lobster, and a chocolate fondant for dessert, I say.**

- **I will have the same thing as Yviane with a strawberry tart for dessert, responds Marion.**

- **Very well. Can I get you anything to drink?**

- **A bottle of rosé champagne please, says Jérôme.**

- **Okay, is that all?**

- **Yes, thank you very much.**

- **I'll be right back.**

GLOSSARY :

(Restaurant) Au bord de la mer = Seaside (restaurant)

Fêter = To celebrate

Peintre = A painter

Le bon déroulement = The good/successful opening/conduct

Exposition = Exhibition

Musée des arts contemporains = Contemporary art museum

(Table) Avec vue sur mer = Sea-view (table)

Apporte (apporter) = To bring

La carte = The menu

Désirez-vous quelque chose ? = Would you like something?

En s'éloignant = While walking away

Discrètement = Discreetly, quietly

Je vais prendre = I will take/have

Langouste = Lobster

Rougets grillés = Grilled red mullets

Pouvez-vous m'apporter… ? = Can you bring me…?

Une bouillabaisse = A bouillabaisse (French fish stew)

C'est tout? = Is that all?

Chez le coiffeur (1) // At the hair salon (1)

C'est enfin l'été. Je décide de me faire une nouvelle **coupe de cheveux** pour changer de look. Je n'aime plus avoir les cheveux longs et épais.

Avant de **me rendre** au **salon de coiffure**, j'appelle pour **prendre un rendez-vous** :

It's finally summer. I decide to get a new haircut to change my look. I don't like having long, thick hair anymore.

Before going to the hair salon, I call to make an appointment:

L'employé : - Salon de coiffure Simon, bonjour.

Moi : - Bonjour. Est-ce que vous avez encore de la place pour aujourd'hui après-midi ?

L'employé : - Je suis désolé. On est **complet** toute la journée.

Moi : - Même en fin d'après-midi ?

L'employé : - Malheureusement, oui.

Moi : - Alors demain, c'est possible ?

L'employé : - Oui ! Venez à 10 heures. Ça vous va ?

Moi : - Et l'après-midi, vous ne pouvez pas ?

L'employé : - Veuillez nous excuser, nous n'acceptons pas de rendez-vous pour le samedi après-midi. Le salon ferme à partir de 12 heures.

Moi : - Bon, d'accord. Je vais donc devoir **annuler** un autre rendez-vous. Mais ce n'est pas grave.

L'employé : - Bien. Laissez-moi prendre votre nom et **vos coordonnées**. Vous êtes ?

Moi : - Mademoiselle Leconte.

L'employé : - Votre numéro de téléphone ?

Moi : - 33 52 506 838

L'employé : - C'est pour une coupe ?

Moi : - Oui. Et **une teinture** en plus.

L'employé : - Vous voulez **une coloration permanente ? Je tiens à vous prévenir** que cela peut **prendre beaucoup de temps.**

Moi : - Non, juste une coloration simple.

L'employé : - C'est noté, merci. Au revoir mademoiselle Leconte !

Moi : - Merci à vous. Bonne journée.

The employee: Simon's hair salon, hello.

Me: Hello. Do you have any appointments left for this afternoon?

Employee: I'm sorry. We are full all day.

Me: Even at the end of the afternoon?

Employee: Unfortunately, yes.

Me: Is tomorrow possible then?

Employee: Yes! Come at ten o'clock. Does that work for you?

Me: And it's not possible in the afternoon?

Employee: I'm very sorry, we don't make appointments for Saturday afternoons. The salon is closed from 12 o'clock.

Me: Okay. I'm going to have to cancel another appointment. But it's not important.

Employee: Okay. Let me take your name and contact details. You are?

Me: Miss Leconte.

Employee: Your phone number?

Me: 33 52 506 838

Employee: Is this for a haircut?

Me: Yes. And for a color as well.

Employee: Do you want permanent coloring? I must warn you that can take a lot of time.

Me: No, just semi-permanent coloring.

Employee: Got it, thanks. Goodbye, Miss Leconte!

Me: Thank you. Have a good day.

GLOSSARY :

Coupe de cheveux = Haircut

Epais = Thick

Me rendre à (se rendre à) = To go to

Salon de coiffure = Hairdressing salon

Prendre un rendez-vous = To make an appointment

Complet = Full

Ça vous va ? = Is this okay with you?

Annuler = To cancel

Vos coordonnées = Your contact details

Une teinture = A hair dye

Une coloration permanente = Permanent coloring

Je tiens à vous prévenir = I'll just warn you

Prendre beaucoup de temps = To take a long time

Chez le coiffeur (2) // At the hair salon (2)

Samedi matin, je me rends au salon de coiffure. C'est monsieur Simon, **le patron** lui-même, qui **m'accueille** :

Monsieur Simon, le coiffeur : - Bonjour, venez vous asseoir ici (il me montre **un fauteuil** à ma droite). Vous venez pour une coupe ou pour un simple **brushing** ?

Moi : - Une coupe et une coloration.

Le coiffeur : On peut vous faire une coloration permanente, vous le savez ?

Moi : Oh oui ! Mais je préfère faire simple pour le moment.

Le coiffeur : - Très bien. On commence avec le shampoing d'abord. Mettez-vous à **l'aise,** je vous en prie.

Saturday morning, I go to the hair salon. It's Mr. Simon, the owner himself, who welcomes me:

Mr. Simon, the hairdresser: Hello, come and sit down here (he shows me a salon chair to my right). Have you come for a haircut or just a blow-dry?

Me: A haircut and color.

Hairdresser: We can do permanent coloring for you, you know?

Me: Oh yes! But I prefer semi-permanent coloring for the moment.

Hairdresser: Very well. I'll begin by shampooing your hair. Please, make yourself comfortable.

... Un peu plus tard ...

Le coiffeur : - Avez-vous une idée de coupe pour vos cheveux ?

Moi : - En effet. Je veux **les rendre** les plus courts possible, donc **une coupe garçonne, de préférence**. Par contre, j'hésite encore concernant la couleur.

Le coiffeur : - C'est la première fois que vous essayez de vous raccourcir les cheveux ?

Moi : - Non, je le fais chaque été. Je trouve que c'est plus léger et que ça change.

... A little later...

Hairdresser: Do you have any haircut ideas in mind?

Me: Indeed. I want it cut as short as possible, so a tomboy haircut, preferably. However, I'm still unsure about the color.

Hairdresser: Is this your first time trying short hair?

Me: No, I do it every summer. I find that its lighter and it makes a change.

Le coiffeur : - Oui, la coupe garçonne c'est **la tendance** cet été et **c'est idéal pour** les petits visages comme le vôtre. En plus, vous avez de la chance, vos cheveux sont **soyeux**. Vous utilisez **une crème adoucissante** particulière ?

Moi : - Non, **pas vraiment**.

Le coiffeur : - Bon. Pour la coloration, je vous propose de les **teindre** en bleu. C'est très original et ça va être joli avec votre teinte claire.

Moi : - En bleu ?! Pourquoi pas ! Vous avez **un catalogue** où je peux voir la couleur ?

Le coiffeur : - Bien sûr, le voilà. Tenez (il me donne le catalogue).

Moi : - Ah ! Vous avez raison. C'est très joli !

Le coiffeur : - Vous êtes **convaincue** ?

Moi : - Absolument ! Je vais vous faire confiance, comme toutes les autres fois.

Hairdresser: Yes, the tomboy haircut is in fashion this summer and it's perfect for small faces like yours. Moreover, you're lucky, your hair is silky. Do you use a particular hair conditioner?

Me: No, not really.

Hairdresser: Okay. For the coloring, I propose you dye it blue. It's very original and it will be very pretty with your fair skin.

Me: Blue?! Why not! Do you have a catalog where I can see the color?

Hairdresser: Of course, here it is. Take this (he gives me the catalog).

Me: Ah! You're right. It's very pretty!

Hairdresser: Are you convinced?

Me: Absolutely! I am going to trust you, like every other time.

GLOSSARY :

Le patron = The owner/boss

M'accueille (acceuillir) = Welcomes me (to welcome)

Un fauteuil = A chair (in this case, a salon chair)

Brushing = Blow-dry

A l'aise = At ease

Les rendre = To make them

Une coupe garçonne de préférence = A tomboy cut preferably

La tendance = The trend/fashion

C'est idéal pour = It's perfect for

Soyeux = Silky

Une crème adoucissante = A conditioner

Pas vraiment = Not really

Teindre = To dye

Un catalogue = A catalog

Convaincue = Convinced

Des adieux pas comme les autres //
A goodbye like no other

Ce soir, Simon, Aurélie, Béatrice, Quentin et moi allons organiser **une fête de départ** pour notre amie américaine Kate avant de l'accompagner à l'aéroport demain matin.

Pour l'instant, elle est en train de faire un dernier tour des boutiques de souvenirs avec Cécile et elle **n'est au courant de rien**. Après six mois passés en Bretagne, elle doit bien acheter des cadeaux pour ses amis et sa famille qui l'attendent à San Francisco, aux États-Unis.

Tonight, Simon, Aurélie, Béatrice, Quentin and I are going to organize a farewell party for our American friend, Kate, before accompanying her to the airport tomorrow morning.

At the moment, she is in the middle of going around the souvenir shops with Cécile and she doesn't know anything about it. After spending six months in Brittany, she should really buy presents for her friends and family who are waiting for her in San Francisco, in the United States.

Quentin : - Bon, vous voulez le faire ici ou autre part qu'à la maison ?

Aurélie : - Je crois que c'est mieux de l'emmener dans un restaurant ou un bar qu'elle ne connaît pas. Aujourd'hui, c'est sa dernière chance de découvrir un nouvel endroit en Bretagne.

Simon : - Moi aussi je pense que c'est mieux de le faire loin de la maison. Mais comme ça va être son dernier souvenir de son séjour ici, je propose de partir à la plage, d'emmener nos guitares et d'allumer **un feu de camp**.

Béatrice : - Ah ! Quentin a un télescope chez lui ! On peut s'amuser à **observer** les étoiles aussi.

Moi : - Oh c'est une magnifique idée ! Kate va adorer ça, elle est passionnée d'astronomie !

Aurélie : - Je ne suis pas d'accord. Le ciel est **nuageux** et il va peut-être **pleuvoir**. On doit trouver une meilleure idée.

Moi : - Mais non ! **La météo** dit qu'il va peut-être y avoir du vent mais pas de pluie.

Simon : - Oui allez ! On va s'amuser ! Et même s'il pleut, on peut toujours **cacher** tout **le matériel** dans **le coffre de la voiture** et partir **se baigner**. Il n'y a pas mieux que de se baigner sous la pluie !

Béatrice : Je suis d'accord ! Alors vite vite, on se prépare !

Quentin: Okay, do you want to do it here or somewhere other than the house?

Aurélie: I think it's better to take her to a restaurant or a bar she doesn't know. Today is her last chance to discover a new place in Brittany.

Simon: I also think it's better to do it away from the house. But as it will be her last memory of her stay here, I propose we go to the beach, bring our guitars and light a campfire.

Béatrice: Ah! Quentin has a telescope at his place! We can have fun stargazing as well!

Aurélie: I don't agree, the sky's cloudy and it's going to rain. We should come up with a better idea.

Me: But no! The weather report says that it will be windy, not rainy.

Simon: Yes, let's go! We are going to have fun! And even if it rains, we can always hide all the equipment in the trunk of the car and go swimming. There is nothing better than swimming in the rain!

Béatrice: Yes, I agree! Quick, quick, let's get ready!

GLOSSARY :

Une fête d'adieu = A farewell party

N'est au courant de rien (être au courant) = Knows nothing (to know, to be informed)

Nouveau = New

Un feu de camp = A camp fire

Observer = To gaze at

Nuageux = Cloudy

Pleuvoir = To rain

La météo = The weather report

Cacher = To hide

Le matériel = The equipment, gear

Le coffre de la voiture = The car trunk

Se baigner = To swim

Des souvenirs d'enfance //
Childhood memories

Chaque fois que je regarde **mes photos d'enfance**, je me sens nostalgique. Ces moments de pur bonheur me manquent. **Je me souviens de** mes années de **danse classique**, de **natation** à **la piscine olympique** et des cours de guitare au **conservatoire national**... De tous ces sports et toutes ces **activités culturelles** que je ne pratique plus aujourd'hui. Je n'ai plus le temps à cause de mes études et mon âge ne me le permet pas. Je ne peux plus **rejoindre** une compagnie de danse ou un conservatoire de musique et même si je peux encore faire de la natation, c'est possible uniquement sous la forme de nage libre, **sans entraîneur**.

Each time I look at my childhood photos, I feel nostalgic. I miss these moments of pure happiness. I remember my years of ballet, swimming in the Olympic-size swimming pool and guitar lessons at the National Music Academy... all these sports and cultural activities that I no longer do today. I no longer have time because of my studies and my age doesn't allow it. I can no longer join a dance troop or a music academy and, even if I can still swim, it's only possible in the form of freestyle swimming, without a coach.

Je suis triste et je regrette certaines choses mais ce n'est pas grave. On apprend toujours de ses échecs et de ses regrets. Par exemple, dans mon cas, abandonner mon rêve n'a jamais été une bonne décision. Abandonner ceux qu'on aime l'est encore moins. Je suis contente de n'avoir jamais commis **cette dernière erreur**.

I am sad and I regret certain things, but it doesn't matter. We always learn from our failures and regrets. For example, in my case, giving up on my dream had never been a good decision. To abandon those we love is even less so. I'm happy that I never made that last mistake.

Ainsi, il faut toujours **rester proche de** ceux que l'on aime et de tout ce qui nous **procure** de la joie et de **l'espoir**. Il est important aussi de rester optimiste et de ne jamais **abandonner** ses rêves. Parfois, il suffit juste d'un peu de courage pour changer toute une vie et la rendre meilleure.

And so, we must always stay close to those we love and to all that brings us joy and hope. It is also important stay optimistic and to never give up on your dreams. Sometimes, it just takes a little bit of courage to completely change a life and make it better.

GLOSSARY :

Mes photos d'enfance = My childhood photos

Je me souviens de (se souvenir de) = I remember (to remember)

Danse classique = Ballet dancing

Natation = Swimming

La piscine olympique = Olympic swimming pool

Conservatoire national = National Music Academy

Activités culturelles = Cultural activities

Rejoindre = To rejoin, meet up with

Sans entraîneur = Without a coach

Echecs = Failures

Cette dernière erreur = This last mistake

Rester du côté de = To stay on the side of

Procure (Procurer) = Provide, bring

L'espoir = Hope

Abandonner = To give up/abandon

Des vacances au bord de la mer //
Vacations at the seaside

Depuis que je suis en vacances au bord de la mer, **ma routine quotidienne** est complètement nouvelle.

En ville, je ne fais pratiquement que dormir, travailler, manger et je ne sors que rarement, quand j'en ai le temps et l'énergie.

Ici, tout est différent...

While I've been on vacation at the seaside, my daily routine has been completely new.

In the city, I practically only sleep, work, eat and I rarely go out, when I have the time and energy to do so.

Here, everything is different…

D'abord, **je peux me permettre de faire la grasse matinée** et, dès que je me lève, je mets mes baskets, mes vêtements de sport et je pars faire un petit jogging d'une heure sur **la falaise**. Aussitôt rentrée, je m'organise avec mes amis qui eux aussi passent leurs vacances ici pour prendre un café **en terrasse**, toujours sans quitter de vue la mer proche.

La matinée passe vite ainsi, et nous nous retrouvons dès l'heure du déjeuner.

Firstly, I can afford to sleep-in and, as soon as I get up, I put on my sneakers, sportswear and I go for a little, hour-long jog along the cliff. As soon as I return, I organize with my friends, who are also vacationing here, to have a coffee on the balcony, without ever losing the view of the beach.

And so, the morning passes by quickly, and we meet up again at lunchtime.

L'après-midi, je fais un tour à vélo pour découvrir la province. J'en profite pour en apprendre un peu plus à chaque fois sur **le mode de vie** des habitants locaux. On m'invite souvent pour faire un peu de **pêche à la canne** et je ne dis jamais non, même si je ne fais qu'observer le spectacle.

Enfin, quand la nuit est tombée, je peux me baigner à **la lueur de la lune**, et c'est un moment magique, que j'attends depuis mon réveil.

Après cela, je peux sortir **prendre un verre** avec les amis. En ce moment, on regarde l'Euro ensemble et puis on continue notre soirée les pieds dans l'eau et parfois aussi autour d'un feu de camp.

In the afternoon, I take a bike tour to discover the small town. I enjoy learning a little more each time about the local people's lifestyle. They often invite me to do a little bit of fishing and I never say no, even if all I'm doing is observing the spectacle.

Finally, when night has fallen, I can swim under the glimmer of the moon and it's a magical moment that I've waited for since waking up.

After this, I can go out for a drink with my friends. At the moment, we are watching the European Soccer Championships together and then we continue our evening with our feet in the water and sometimes around a campfire too.

GLOSSARY :

Ma routine quotidienne = My daily routine

Rarement = Rarely

Je peux me permettre de (se permettre de) = I can allow myself to (to allow yourself to)

Faire grasse matinée = Sleep in, sleep late

La falaise = The cliff

En terrasse = At the terrace

Le mode de vie = The way of life, lifestyle

Pêche à la canne = Fishing (with a rod)

La lueur de la lune = The moon's glow

Prendre un verre = To have a drink

Devant le musée

Ce matin, j'arrive avec Jérôme et Nathalie devant **le musée** Sainte-Sophie en Istanbul. Mais celui-ci est fermé.

Nathalie, qui est **inquiète,** nous demande :

-Ah ! Mais pourquoi est-ce que c'est fermé ? On n'est pas dimanche et aujourd'hui n'est pas **un jour férié !**

Je demande à mon tour à Jérôme :

- Il est quelle heure ? Je crois qu'il est simplement **très tôt** et qu'**on est en avance.**

- Il est huit heures et demie. Je suis d'accord avec toi, je pense qu'ils vont ouvrir les portes **plus tard.**

This morning, I arrive with Jérôme and Nathalie in front of the Saint-Sophie Museum in Istanbul. But this one is closed.

Nathalie, who is worried, asks us:

- Ah! But why is it closed? It's not Sunday and today isn't a public holiday!

I then ask Jérôme:

- What time is it? I think it's simply very early and we're ahead of time.

- It's half past eight. I agree with you, I think they will open later on.

Nathalie intervient :

- Regardez ! il y a un monsieur là bas devant **le guichet** ! On peut lui demander **l'heure d'ouverture** !

Nous nous dirigeons tous les trois vers ce monsieur. C'est Nathalie qui va lui parler :

- Bonjour, le musée va-t-il rester fermé toute la journée ?

- Bonjour. Non, pas du tout. Le musée ouvre à 9 heures **pile** et ferme à dix heures du soir. Il vous reste donc (il regarde sa montre) juste une demi-heure avant l'ouverture des portes. Vous pouvez en profiter pour faire un tour et revenir ensuite.

Nathalie interrupts:

- Look! There is a man there, in front of the counter! We can ask him for the opening times. All three of us head towards this man. Nathalie is going to speak to him.

- Hello, is the museum going to be closed all day?

- Hello. No, not at all. The museum opens at 9 o'clock on the dot and closes at 10 o'clock in the evening. So, there is just (he looks at his watch) half an hour before the doors open. You can take the opportunity to go for a stroll and then come back.

Nathalie se tourne vers Jérôme et moi et dit :

- Merci, mais on préfère attendre ici. N'est-ce pas ?

Je lui réponds :

- Oui, oui. Une demi-heure ce n'est pas beaucoup. En plus, il y a déjà plein de gens qui commencent à venir attendre eux aussi. Je pense que nous allons devoir **faire la queue**.

-Oui, dit Jérôme. Restons ici. On peut manger nos sandwichs en attendant.

Nous **remercions** le monsieur et partons attendre avec tous les autres **visiteurs**.

Nathalie turns around to Jérôme and me and says:

- Thanks, but I prefer to wait here, don't you?

I answer her:

- Yes, yes. Half an hour isn't long. Moreover, there are lots of people who are starting to come and wait as well. I think we are going to have to queue.

- Yes, says Jérôme. Let's stay here. We can eat our sandwiches while we wait.

We thank the man and go to wait with all the other visitors.

GLOSSARY :

Le musée = The museum

Inquiète (f.) = Worried

Un jour férié = A public holiday

Très tôt = Very early

On est en avance (être en avance) = We're early / ahead of time (to be early)

Plus tard = Later

Le guichet = The counter, desk

L'heure d'ouverture = The opening time

À 9 heures pile = At exactly nine o'clock (at nine o'clock on the dot)

Faire la queue = To wait (or stand) in line

Remercions (remercier) = We thank (to thank)

Visiteurs = Visitors

Différentes mais complémentaires //
Different but the same

Je connais Aurélie et Lilia depuis 6 ans. Elles sont **meilleures amies** depuis cette époque-là ou peut-être même avant. Elles **s'entendent** toujours très **bien** et font presque tout ensemble. Et pourtant, elles sont très différentes l'une de l'autre.

Lilia est plutôt **timide**. En soirée ou pendant les sorties, elle ne communique pas beaucoup avec **les inconnus** et elle a un peu peur de faire des discours ou de présenter un projet devant **un grand public**, même au lycée. Extrêmement sensible et émotive, elle peut très vite pleurer lorsqu'un événement triste survient ou lorsqu'on la met **mal à l'aise**. Lilia est aussi introvertie. Ainsi, elle cache ses moindres problèmes et soucis, et préfère les résoudre toute seule. Mais quand elle vous parle ou vous donne son avis, elle le fait honnêtement.

I have known Aurélie and Lilia for 6 years. They have been best friends since then or maybe even before. They get along very well and are almost always together. However, they are different to one another.

Lilia is rather shy. In the evening or during outings, she doesn't talk much with strangers and she is a little afraid to give speeches or present a project in front of a large audience, even at high school. Extremely sensitive and emotional, she can cry very quickly when a sad event occurs or when she is uncomfortable. Lilia is also an introvert. And so, she hides her slightest problems and worries and prefers to resolve them alone. But when she speaks to you or gives her opinion, she does so honestly.

Aurélie par contre est tout le temps très **enjouée** et sociable. **Dotée** d'un grand sens de l'humour, elle établit facilement de nouvelles amitiés dans son **quartier**, au lycée et partout où elle va. Elle part souvent en voyage et découvre de nouvelles personnes.

Contrairement à Lilia qui est souvent très calme, Aurélie **déborde d'énergie** positive. Cela ne l'empêche pas d'être sérieuse quand il s'agit de ses études, ni de **paraître** parfois de **mauvaise humeur** quand c'est la période des examens et qu'elle est extrêmement stressée.

Aurélie, on the other hand, is always very cheerful and sociable. Gifted with a great sense of humor, she easily forms new friendships in her neighborhood, at high school or wherever she goes. She often goes travelling and finds new people.

Unlike Lilia who is often very calm, Aurélie has lots of positive energy. That doesn't prevent her from being serious when it comes to her studies, nor from appearing to sometimes be in a bad mood when it's the exam season and when she is extremely stressed.

La seule chose qu'elles ont en commun peut-être, c'est qu'elles sont toutes les deux aussi intelligentes, gentilles et **serviables**. En plus, elles aiment toutes les deux faire du sport.

On dit qu'elles ont deux personnalités **complémentaires** et que c'est cela qui **maintient l'équilibre** dans leur relation.

Perhaps the only thing they have in common is that they are both equally intelligent, kind and helpful. Moreover, they both like playing sport.

They are said to have complementary personalities and that is what maintains the balance in their relationship.

GLOSSARY :

Meilleures amies (f) = Best friends

Epoque = Period

S'entendent bien (bien s'entendre) = They get along well (to get along well)

Timide = Shy

Les inconnus = The strangers

Un grand public = A big audience

Emotive (f.) = Emotional

Mal à l'aise = Not at ease/uncomfortable

Enjouée (f.) = Cheerful

Dotée (f.) = Gifted with

Quartier = Neighborhood

Déborde d'énergie = Have lots of energy

Paraître = To seem

Mauvaise humeur = Bad mood

Serviables (pl.) = Helpful

Complémentaires = Complementary

Maintient l'équilibre (maintenir) = Keeps the balance (to keep)

Je voyage et je rêve de voyager encore plus //
I travel and I dream of travelling even more

Je rêve de **découvrir** l'Europe, l'Amérique latine et l'Asie de l'**Est** et du **Sud**. Ce que j'aime le plus en Europe, c'est sa vieille histoire et sa culture qui **valorise** l'art et la découverte. En Asie, ce sont ses **traditions gastronomiques** et spirituelles qui me fascinent depuis mon plus jeune âge. ; Et en Amérique latine, c'est l'esprit jeune, festif et **décontracté** de ses habitants ainsi que **la chaleur humaine** qu'on y retrouve.

I dream of discovering Europe, Latin America and eastern and southern Asia. What I like the most about Europe is its old history and its culture which values art and discovery. In Asia, the gastronomic and spiritual traditions have fascinated me from a very young age; and in Latin America, it's the young, festive and relaxed spirit of its inhabitants as well as the human kindness found there.

Certes, il existe des choses que l'on retrouve partout dans ces régions et même partout dans le monde : des paysages exotiques, **un art culinaire** différent et une langue différente de celle que l'on parle dans les autres pays. Alors moi, je souhaite essayer d'apprendre tout cet **héritage culturel** : apprendre la langue, la cuisine et les traditions de chaque pays que je visite.... J'espère pouvoir un jour passer ma vie à vivre avec des gens différents dans chaque pays, à suivre leur mode de vie, **leurs habitudes au quotidien**, à me construire un savoir sur la vie des uns et des autres et sur la réalité des **peuples**. Non pas celle que l'on voit dans les médias ou dans les réseaux sociaux, mais celle que j'espère connaître de très près, loin des **préjugés** et des idées reçues.

Certainly, there are things which are found everywhere in these regions and even throughout the world: exotic landscapes, a different culinary art and a different language to that which is spoken in other countries. So, I want to try to learn all this cultural heritage: learn the language, the cuisine, the traditions of each country I visit... I hope someday to be able to spend my life living with different people in each country, following their way of life, their daily habits, building myself a knowledge of the lives of all and sundry and of the real life of these people. Not that which we see in the media or on social media,

but that which I hope to get to know very closely, far from bias and preconceived ideas.

Aujourd'hui, à 20 ans, je parle quatre langues parfaitement et je connais quatre pays d'Europe et un pays asiatique. Je sais que la route est encore longue devant moi, mais je sais aussi que j'ai pleinement le temps de réaliser mon rêve, alors je reste **confiant**.

Today, at 20 years old, I speak four languages perfectly and I am familiar with four countries in Europe and one Asiatic country. I know the route before me is still long, but I also know I have plenty of time to realize my dream, so I remain confident.

GLOSSARY :

Découvrir = To discover

Est = East

Sud = South

Valorise (Valoriser) = Add value to (to add value to)

Traditions gastronomiques = Gastronomic traditions

Décontracté = Relaxed

La chaleur humaine = Human warmth/kindness

Un art culinaire = Culinary art

Héritage culturel = Cultural heritage

Leurs habitudes au quotidien = Their everyday habits/customs

Peuples= Populations/peoples

Préjugés = Prejudices/bias

Confiant = Confident

L'anniversaire de Léo // Léo's birthday

Ce jeudi, c'est l'anniversaire de Léo. Avec l'aide de Marie et de **son copain** Antoine, tous les deux amis de Léo, nous organisons pour lui **une fête surprise** dans son appartement. Aujourd'hui, donc, je vais appeler tous nos amis ainsi que les **proches** de Léo pour les inviter. Quant à Marie, elle va s'occuper du gâteau et **des boissons**. Antoine, lui, va préparer la décoration, accompagné du **colocataire** de Léo, pendant que celui-ci est à l'université.

This Thursday, its Léo's birthday. With the help of Marie and her boyfriend, Antoine, two of Léo's friends, we are organizing a surprise party for him in his apartment. So, today, I am going to call all our friends as well as Léo's relatives to invite them. As for Marie, she is going to take care of the cake and drinks. Antoine, will prepare the decorations, helped by Léo's room-mate, while he is at university.

Je commence par appeler Aurélie, Jérôme et Sébastien qui habitent tous les trois en colocation :

- Coucou ! Jeudi c'est l'anniversaire de Léo. Vous venez ?

- Salut Yviane ! Oui bien sûr. À quelle heure ?

- À 20 heures, et c'est chez lui.

- Ça marche ! On va ramener **des cadeaux**.

- Super ! À jeudi !

- À jeudi, bisous.

I begin by calling Aurélie, Jérôme and Sébastien who all live together.

- Hi! Its Léo's Birthday on Thursday. Are you coming?

- Hi, Yviane. Yes, of course. What time?

- 8pm, at his place.

- That works! We will bring some gifts.

- Perfect! See you Thursday.

- See you Thursday, take care.

Je téléphone ensuite à Thomas, le cousin de Léo, mais **je n'arrive pas à le joindre.** Je lui **laisse** alors un message sur **son répondeur** en disant :

- Salut Thomas ! C'est Yviane. Je t'appelle pour t'inviter à la fête d'anniversaire de Léo ce jeudi dans son appartement. Ça commence à partir de 20 heures. Tu peux dire à Camille et Bastien de venir eux aussi ? Je n'ai pas leurs numéros pour les inviter. Merci, et j'espère te voir parmi nous jeudi !

I then call Thomas, Léo's cousin, but I'm not able to reach him. So, I leave him a message on his voicemail saying:

- Hi Thomas! It's Yviane. I'm calling to invite you to Léo's birthday party at his apartment on Thursday. It starts at 8pm. Can you tell Camille and Bastien to come as well? I don't have their numbers to invite them. Thanks, and I hope to see you Thursday.

Assise à côté de moi, Marie appelle **la pâtisserie du coin** :

- Bonjour. J'appelle pour **commander un gâteau d'anniversaire** pour ce jeudi... Oui, je peux venir le **récupérer** demain après-midi... Oui, merci... Oh non, sans les fraises, s'il vous plaît...Oui... Au revoir, merci !

Elle se tourne vers moi et sourit **en croisant les doigts.**

Sat next to me, Marie calls the local bakery:

- Hello. I'm calling to order a birthday cake for this Thursday... Yes, I can come pick it up tomorrow afternoon... yes, thank you... Oh no, without strawberries, please... yes... goodbye, thank you!

She turns towards me, smiles and crosses her fingers.

GLOSSARY :

Son copain = Her boyfriend (or friend)

Une fête surprise = A surprise party

Proches = Relatives

Des boissons = Drinks

Colocataire = Room-mate

Des cadeaux = Gifts

Je n'arrive pas à le joindre (ne pas arriver à joindre) = I'm not able to reach him (to not be able to reach)

Laisse (laisser un message) = Leave (to leave a message)

Ça commence (commencer) = It begins (to begin)

La pâtisserie du coin = The nearby/local bakery/patisserie

Commander = To order

Un gâteau d'anniversaire = A birthday cake

Récupérer = To get, pick up

En croisant les doigts = While crossing her fingers

La grève des transports //
The transport strike

Ce matin, en préparant mon petit-déjeuner, j'apprends via la radio qu'il y a **une grève** des **transports en commun** et qu'aucun métro, ni bus, ni taxi ne **circulent** dans la ville.

J'habite près d'une station de métro et **j'ai l'habitude de l'emprunter** pour aller au travail. J'ai donc peur d'arriver en retard.

This morning, while preparing my breakfast, I learn from the radio that there is a public transport strike and that no metros, buses, or taxis are running in the city.

I live close to a metro station and I'm used to taking it to go to work. So, I'm afraid of arriving late.

J'essaie vite de réfléchir à une solution et je téléphone à Quentin, mon ami :

- Salut Quentin ! C'est la grève des transports et tout est bloqué. J'ai besoin d'arriver vite au **boulot** !

- Tu ne peux pas y aller à vélo ?

- Non, comme ça je mets plus de 40 minutes à y aller.

I quickly try to think of a solution, and I call my friend, Quentin:

- Hi Quentin! There are transport strikes, and everything is blocked. I need to get to work quickly!

- Can you not ride your bike there?

- No, it will take me more than 40 minutes to get there.

- Comment tu vas faire alors ?

- Je ne sais pas, **je panique** ! Est-ce que tu peux **passer me prendre** ?

- Oh, désolé je suis **en congé** à Nantes mais tu peux demander à Camille de venir te chercher.

- Non je ne peux pas, **on ne s'entend pas bien** toutes les deux **ces derniers temps.**

- **Dommage**. Il ne te reste donc qu'à commander un Uber en ligne.

- Ah oui ! Bonne idée ! Je vais essayer ça.

- So, what are you going to do?

- I don't know, I'm panicking! Can you come and pick me up?

- Oh, sorry, I'm on holiday in Nantes, but you can ask Camille to come get you.

- No, I can't. We aren't getting along very well lately.

- That's a shame. So, that only leaves you ordering an Uber online.

- Ah yes! Good idea! I will try that.

- Parfait. Je te laisse et je te souhaite beaucoup de courage pour ta journée.

- Merci Quentin, **tu me sauves** !

- Mais de rien !

- À bientôt. **Préviens-moi** quand tu rentres à Paris. On peut **prendre un café ensemble** si tu as le temps.

- D'accord, promis. Au revoir.

- Au revoir, bisous.

- Perfect, I'll let you go, and I wish you the best of luck for your day.

- Thanks, Quentin, you've saved me!

- You're welcome!

- See you soon. Let me know when you're back in Paris. We can have a coffee together if you have the time.

- Okay, I promise. Goodbye.

- Goodbye, take care.

GLOSSARY :

Une grève = A strike

Transports en commun = Public transport

Circulent (circuler) = Run/are running (to run)

J'ai l'habitude de l'emprunter (avoir l'habitude de) = I'm used to taking it (to be used to)

Boulot = Job, work

A vélo = By bike/bicycle

Je panique (paniquer) = I am panicking (to panic)

Passer me prendre = Come and pick me up

En congé = On leave

On ne s'entend pas bien (ne pas bien s'entendre) = We don't get along very well (to not get along well)

Ces derniers temps = Lately

Dommage = Too bad

Tu me sauves (sauver quelqu'un) = You save me (to save somebody)

Préviens-moi (prévenir quelqu'un) = Let me know (to let someone know)

Prendre un café ensemble = Grab a coffee together

La marche infinie // The unending walk

Je marche sur une route **déserte**. À droite et à gauche, une forêt dense s'étend jusqu'à l'infini. Les pierres, les herbes, le feuillage et les troncs d'arbres sont tous recouverts d'une mousse verte. À une distance d'une dizaine de kilomètres et jusqu'à l'horizon, seule la couleur verte est visible. Pas un brin, pas une branche ne **perturbe** cette homogénéité.

Le ciel est clair et le vent est calme.

I am walking along a deserted road. Left and right, a dense forest extends endlessly. The trees, grass, foliage and tree trunks are all covered in green moss. For tens of kilometers and all the way up to the horizon, only the color green is visible. Not a sprig, not a branch disturbs this homogeneity.

The sky is clear, and the wind is calm.

Je marche seule et je n'entends pas un bruit, même pas celui de mes **pas**. La nature semble clémente et le paysage irréel, isolé, plongé dans un rêve ou suspendu dans le présent. Aucune présence humaine ou animale ne l'occupe, à part la mienne.

Je ne connais pas l'heure, ni le jour, ni la saison, et encore moins la raison qui m'amène dans un tel endroit et pourtant, je continue de marcher, **paisible**, imperturbable.

I walk alone and I don't hear a noise, not even my own footsteps. Nature seems mild and the scenery unreal, isolated, immersed in a dream or suspended in the present. No human or animal presence occupies it, except mine.

I don't know the time, day, nor the season, let alone the reason which brings me to such a place, and yet I continue to walk, peaceful, imperturbable.

Au bout du chemin, je rencontre un tunnel et j'y rentre. Je **traverse l'obscurité** pendant un trajet encore plus long, jusqu'à la sortie où je tombe sur le même paysage régulier que tout à l'heure. Je me surprends à ne pas ressentir de fatigue et je continue de marcher. Au bout d'un certain temps, un deuxième tunnel se présente devant moi. Je le traverse de la même manière que le premier et, en ressortant, je découvre le même paysage vert, coupé par une route déserte. Je ne m'arrête pas et le même cycle, forêt-tunnel-forêt, se répète plusieurs fois.

Soudain, j'entends un bruit. Il est proche, fort et **insistant**. J'ouvre les yeux **en sursaut**. C'est le réveil de 7 heures. C'était donc un rêve...

At the end of the path, I come across a tunnel and go inside. I traverse the darkness for an even longer journey to the exit, where I fall upon the same harmonious landscape as before. I am surprised to not feel fatigue and I continue walking. After a while, a second tunnel appears before me. I traverse it in the same way as the first and, coming out, I discover the same green landscape, intersected by a deserted road. I do not stop and the same cycle, forest-tunnel-forest, repeats itself several times.

Suddenly, I hear a noise. It is close, loud and insistent. I open my eyes with fear. It's the 7 o'clock alarm. So, it was a dream...

GLOSSARY :

Déserte (f.) = Deserted

Visible = Visible

Pas = Footsteps

Perturbe (perturber) = Disturb (to disturb)

Clémente (f.) = Mild

Paisible = Calm, peaceful

Traverse (traverser) = Cross (to cross)

L'obscurité = Darkness

Insistant = Insistent, heavy

En sursaut = Startled (waking up with fear)

La préparation d'un gâteau d'anniversaire // Making a birthday cake

Aujourd'hui, c'est **l'anniversaire** de **mon mari**. Mon petit garçon me demande de l'aider à préparer **un gâteau** d'anniversaire avant que son père ne revienne à la maison.

Il commence par mettre sur sa tête **un chapeau de pâtissier** et me regarde avec un air **confiant**. Il monte sur une chaise devant la table en me demandant :

- « Maman, as-tu un livre de recettes ? »

- « Oui mon chéri. Attends une minute. »

Today is my husband's birthday. My young son asks me to help him make a birthday cake before his father comes home.

He starts by putting a baker's hat on his head and he looks at me with an air of confidence. He climbs onto a chair in front of the table while asking me:

- "Mom, do you have the recipe book?"

- "Yes, my dear. Wait a minute."

Je lui donne mon livre. Il l'ouvre et le **feuillette** jusqu'à **tomber sur** une recette d'un magnifique gâteau au chocolat. Il **contemple** l'image pendant un moment et me dit « Je voudrais préparer ça. Papa adore le chocolat. » . Je lui souris en lui disant que c'est une très bonne idée. Je commence par mettre tous les ingrédients sur la table : Il y a des œufs, de la **farine**, de **la levure**, du sucre, du **lait** et bien sûr du chocolat. Nous suivons la recette à la lettre et mettons le gâteau au **four**. Après une trentaine de minutes, nous commençons à sentir la bonne **odeur** du chocolat ; le gâteau est enfin **prêt**. Nous le sortons du four et le décorons en écrivant « Joyeux anniversaire Papa » au-dessus.

I give him my book. He opens it and flips through it until he comes across a magnificent chocolate cake recipe. He looks at the picture for a moment and says to me: "I would like to make this. Dad loves chocolate." I smile at him and say it's a very good idea. I begin by placing all the ingredients on the table: there are eggs, flour, baking

powder, sugar, milk and, of course, chocolate. We follow the recipe to the letter and put the cake in the oven. After about 30 minutes, we start to smell the sweet smell of chocolate; the cake is finally ready. We take it out of the oven and decorate it by writing "Happy Birthday, Dad", on top.

Avant que mon mari n'arrive, on éteint la lumière. On se met derrière une table. On pose le joli gâteau, des fleurs et un cadeau. Dès qu'il ouvre la porte et **allume la lumière**, on crie « SURPRIIISE » puis on l'embrasse **en lui souhaitant** un bon anniversaire. Il se tourne vers notre fils et lui dit « C'est un beau gâteau que tu nous as préparé là. Passons à **la dégustation**. ».

La surprise s'est passée à merveille. Le gâteau était aussi beau que bon et nous avons passé une excellente soirée. Mon mari est **ravi**.

Before my husband arrives, we turn off the lights. We hide behind a table. We put out the pretty cake, flowers and a gift. As soon as he opens the door and turns on the lights, we scream "SURPRIIISE", then we hug him and wish him happy birthday. He turns towards our son and says to him, "This is a beautiful cake that you've made for us. Let's taste it."

The surprise went perfectly. The cake looked as good as it tasted, and we had a great evening. My husband is delighted.

GLOSSARY :

L'anniversaire = The birthday

Mon mari = My husband

Un gâteau = A cake

Un chapeau de pâtissier = A baker's hat

Confiant = Confident

Feuillette (feuilleter) = Browse (to browse) (turn the pages of the book)

Tomber sur = To find

Contemple (contempler) = Look at/gaze at (to gaze at)

Farine = Flour

La levure = Baking powder

Lait = Milk

A la lettre = To the letter (exactly as instructed, written)

Four = Oven

Odeur = smell

Prêt = Ready

Eteint la lumière (éteindre) = Switch off the light (to switch off)

Allume la lumière (allumer) = Switch on the light (to switch on)

En lui souhaitant (souhaiter à quelqu'un) = While wishing him (to wish to somebody)

La dégustation = The tasting

A merveille = Wonderfully

Ravi = Delighted/very happy

La prof qui a marqué ma vie à jamais //
The teacher who touched my life forever

Madame Dupont était mon professeur de mathématiques quand j'étais petite. Elle a les cheveux **courts** et **foncés.** Elle porte **des lunettes pointues** qui lui donnent **un air intellectuel** et strict. **Au début de l'année**, tous les enfants **avaient peur** d'elle.

Mrs. Dupont was my math teacher when I was young. She has short, dark hair. She wears pointy glasses which give her an intellectual and strict look. At the beginning of the year, all the children were afraid of her.

Un jour, en sortant de **la classe, j'aperçois** quelque chose qui **bouge** et qui fait **un bruit étrange** à côté de l'arbre. Madame Dupont remarque mon regard **inquiet** et **s'en approche**. Elle se retourne vers moi et me dit, « C'est un petit oiseau qui est tombé de l'arbre. ». Elle enlève ses chaussures, prend le petit être fragile entre ses mains, monte dans l'arbre et **le remet** dans **son nid**.

One day, when leaving the classroom, I notice something moving and making a strange noise beside the tree. Mrs. Dupont notices my worried look and approaches me. She turns back towards me and says to me, "It's a little bird that has fallen out of the tree." She takes off her shoes, takes the little fragile being into her hands, climbs the tree and places it back in its nest.

En descendant de l'arbre, elle nous sourit et nous dit, « Bien les enfants ! Je vais vous apprendre aujourd'hui **une leçon** très importante. **Ne vous inquiétez pas**, ça n'a aucun rapport avec les mathématiques (rires). Cette leçon **se résume en** deux mots : être bon. Essayez de ne **nuire à** aucun être vivant et d'aider **autrui**. Ne **piétinez** pas les fleurs, ne **maltraitez** pas les animaux et ne **vous bagarrez** pas avec **vos camarades**. ».

Climbing down the tree, she smiles to us and says: "Well children! I am going to teach you a very important lesson tomorrow. Don't worry, it has nothing to do with math (laughs). This lesson can be summarized in two words: be good. Try not to hurt any living being and try to help others. Don't stamp on flowers, don't mistreat animals and don't fight with your friends."

Depuis ce jour-là, notre **peur** s'est transformée en admiration et nous avions appris une autre leçon : **les apparences sont trompeuses**. Madame Dupont était stricte et nous donnait beaucoup d'exercices à faire à la maison **pour notre bien**. Elle voulait donner à ses élèves une bonne éducation. Finalement, à la fin de l'année, tous les membres de notre classe ont eu de très bonnes notes.

Since that very day, our fear was transformed into admiration and we learnt another lesson: appearances can be deceiving. Mrs. Dupont was strict, and she gave lots of homework for our own good. She wanted to give her students a good education. Finally, at the end of the year, all the members of our class had very good grades.

GLOSSARY :

Courts (pl.) = Short

Foncés (pl.) = Dark

Des lunettes pointues = Pointy glasses

Un air intellectuel = A smart/intellectual appearance

Au début de l'année = At the beginning of the year

Avaient peur (avoir peur) = They feared (to fear)

La classe = The classroom

J'aperçois (apercevoir) = I notice (to notice)

Bouge (bouger) = Move (to move)

Un bruit étrange = A strange noise

Inquiet = Worried

S'en approche (s'approcher de) = Approach/gets closer to it (to get closer to)

Le remet (remettre) = Put it back (to put back)

Son nid = His nest

Une leçon = A lesson

Ne vous inquiétez pas (ne pas s'inquiéter) = Don't worry (to not worry)

Ça n'a aucun rapport avec (ne pas avoir un rapport avec) = It doesn't have anything to do with (to not have to do anything with)

Se résume en (se résumer en) = Comes down to (to come down to)

Être bon = Be good (to be good, to be a good person)

Nuire à = To harm

Autrui = Others

Piétinez (piétiner) = Stamp (to stamp with the foot)

Maltraitez (maltraiter) = Abuse (to abuse)

Vous bagarrez (se bagarrer) = Fight (to fight)

Vos camarades = Your friends

Peur = Fear

Les apparences sont trompeuses = Things aren't always what they seem

A faire à la maison = To do at home

Pour notre bien = For our own good, for our sake

Le genre de personne à éviter absolument //
The type of person to definitely avoid

S'il y a une chose que je ne **supporte** pas, c'est **la triche**. Cette pratique est tellement **répandue** dans les écoles et les institutions du monde entier que la plupart des gens **ne lui accordent plus aucune attention**. C'en est même devenu **un comportement** normal, des plus ordinaires au monde.

D'ailleurs, on parle souvent dans les médias de discrimination, d'homophobie, de misogynies mais jamais assez de ce phénomène de triche **en pleine expansion.**

If there is one thing I cannot stand, it's cheating. Cheating is so widespread in schools and institutions across the whole world that most people no longer pay any attention to it. This has even become normal behavior, one of the most ordinary things in the world.

Elsewhere, the media often speaks about discrimination, homophobia, and misogyny but never enough about this growing cheating phenomenon.

Or, ce comportement est bas et malhonnête, et il mérite d'être **sanctionné**. **Ce qui m'embête le plus,** c'est que certains **tricheurs** se montrent **fiers** de leur caractère et ils arrivent, en copiant, en trichant, à réussir leurs examens mieux que ceux qui **méritent** vraiment de réussir **ces épreuves**. C'est **injuste** pour les élèves **studieux** et dévoués qui **consacrent** tout leur temps et toute leur énergie à leurs études. Alors, si l'on veut bannir l'injustice, on doit commencer par **dénoncer** ce genre de comportement.

However, this behavior is despicable and dishonest, and it deserves to be punished. What frustrates me the most is that certain cheaters appear proud of their character and they are able to, by copying and cheating, pass their exams better than those who truly deserve to pass these tests. It's unfair for studious and devoted students who devote all their time and energy to their studies. So, if we want to ban this injustice, we must start by reporting this sort of behavior.

Le mensonge est pour moi une autre attitude intolérable. **Les gens à double-face, qui vous mentent en permanence** tout en cachant **subtilement** leur jeu, **me dégoûtent**. En plus d'être désagréables envers leurs amis et leurs proches, ils **sèment le trouble** et la malveillance dans leur entourage, rien que pour défendre leurs propres intérêts. Je trouve cela antipathique, égoïste, comme de **la méchanceté gratuite,** et j'évite toujours d'établir ou de maintenir des relations avec les personnes qui **commettent**, qui **justifient** ou qui **pardonnent ces agissements agaçants,** qui ne peuvent en aucun cas être acceptés.

Lying, for me, is another intolerable attitude. Two-faced people, who always lie to you whilst cunningly hiding their motive, disgust me. Moreover, by being unkind towards their friends and their relatives, they create problems and ill-will around their friends, only to protect their own interests. I find this unpleasant, selfish, like gratuitous nastiness, and I always avoid establishing or maintaining relationships with people who commit, justify or excuse these irritating behaviors, which can in no way be accepted.

Certes, le mal et le bien existent partout, mais cela ne permet pas de tolérer de mauvaises habitudes ou d'approuver des attitudes **inadmissibles.**

Certainly, bad and good exist everywhere, but this does not permit bad habits to be tolerated, nor the approval of unacceptable attitudes.

GLOSSARY :

Supporte (supporter) = Tolerate/handle (to handle)

La triche = Cheating

Répandue = Common, widespread

Ne lui accordent plus aucune attention (ne plus lui accorder aucune attention) = Don't bring any attention to it anymore (to not bring any attention to it anymore)

Un comportement = A behavior

En pleine expansion = In growth (growing)

Sanctionné = Punished

Ce qui m'embête le plus (embêter) = The thing that annoys me the most (to annoy)

Tricheurs = Cheaters

Fiers (pl.) = Proud

Méritent (mériter) = They deserve (to deserve)

Ces épreuves = These tests, exams

Injuste = Unfair

Studieux = Studious, hard-working

Consacrent (consacrer) = They dedicate (to dedicate)

Dénoncer = To report

Le mensonge = Lying

Les gens à double-face = Two-faced people

Qui vous mentent en permanence (mentir) = That always lie to you (to lie)

Subtilement = Cunningly

Me dégoûtent (dégoûter) = Disgust me (to disgust)

Sèment le trouble (semer le trouble) = Create problems (to create problems)

Egoïste = Selfish

La méchanceté gratuite = Gratuitous nastiness

Commettent (commetre) = They commit (to commit)

Justifient (justifier) = They justify (to justify)

Pardonnent (pardonner) = They forgive (to forgive)

Ces agissements agaçants = These annoying behaviors

Inadmissibles = Unacceptable

Le savoir-vivre est dans notre assiette //
The good life starts on our plate

Le savoir-vivre, pour moi, commence par une **bonne nutrition**. Les **repas équilibrés,** et toujours en **petites quantités,** sont **la clé** pour **une bonne santé physique** et une bonne santé morale.

Enjoying life, for me, begins with good nutrition. Balanced meals, always in small amounts, are the key to good physical and mental health.

Personnellement, je n'aime pas **faire la grasse matinée**. Je préfère plutôt me lever tôt et prendre un petit-déjeuner **frais et léger**. Comme je n'aime pas le sucré, je prends souvent du fromage blanc, des œufs, des jus ou des fruits de saison, et parfois aussi des croissants à **la boulangerie du coin**. Je débute ainsi ma journée en ayant fait le plein d'énergie.

Personally, I don't like to sleep in late. Instead, I prefer to get up early and have a fresh and light breakfast. As I don't like sweet things, I often have cottage cheese, eggs, juice or the season's fruits, and sometimes croissants from the local bakery as well. I start my day off with a lot of energy.

Avant midi, **j'évite** de **grignoter** pour bien manger au déjeuner. D'habitude, quand je ne suis pas à la maison, je prends des salades avec des **filets de poisson pané**, des escalopes ou des **boulettes de viande hachée** dans un restaurant. Sinon, je prépare rapidement des spaghettis, des légumes sautés ou une omelette... **Des plats** que je peux cuisiner rapidement avant de retourner en cours à l'université.

Before midday, I avoid snacking so that I eat well at lunch. Normally, when I am not at home, I have salads with breaded fish filets, escalopes or meatballs in a restaurant. If not, I quickly prepare some spaghetti, stir-fried vegetables or an omelet... Meals that I can cook quickly before going back to college.

Le soir, c'est souvent du riz, des lasagnes, des mini-pizzas ou des soufflés que je prépare au four, toujours **accompagnés** d'une salade. **Je profite** des week-ends pour préparer des gâteaux recouverts de glaçage, des tartes aux fruits et aussi pour dîner dans un restaurant japonais ou **commander** des sushis chez moi. Je trouve que la cuisine japonaise est très **saine** et délicieuse. **Les odeurs** et **les saveurs** sont très fortes et très **accentuées**, et c'est cela que j'aime le plus. D'ailleurs, j'utilise aujourd'hui la sauce soja un peu partout, dans tous les plats que je prépare, et c'est extrêmement **bon** !

In the evening, I often prepare rice, lasagnas, mini-pizzas or soufflés in the oven, always accompanied by a salad. I take advantage of the weekends to prepare frosting covered cakes, fruit pies and also to dine in a Japanese restaurant or order takeaway sushi at home. I find that Japanese cuisine is very healthy and delicious. The smells and flavors are very strong and pronounced, and that's what I like the most. For that matter, these days I use soy sauce in almost everything, in all the meals I prepare, and it's delicious!

GLOSSARY :

Le savoir-vivre = Good manners

La bonne nutrition = Good nutrition

Des repas équilibrés = Balanced meals

Petites quantités = Small portions

La clé = The key

Une bonne santé physique = Good (physical) health

Une bonne santé morale = Good mental health

Faire la grasse matinée = Sleep in, sleep late

Frais et léger = Fresh and light

La boulangerie du coin = The local bakery

J'évite (éviter) = I avoid (to avoid)

Grignoter = To nibble (to eat between meals)

Filets de poisson pané = Breaded fish fillets

Boulettes de viande hachée = Meatballs

Des plats = Dishes

A la va-vite = Very quickly

L'université = University / college

Accompagnés de = With

Je profite de (profiter de) = I make the most of (to make the most of)

Commander = To order

Saine (f) = Healthy

Les odeurs = Smells

Les saveurs = Flavours

Accentuées (pl.f.) = Pronounced

Bon = Delicious

Les week-ends // Weekends

Pour moi, **les fins de semaine** c'est **l'occasion idéale** pour quitter le rythme du travail et **me débarrasser de la monotonie du quotidien.**

La journée du samedi, je la **consacre** au sport et aux sorties avec les amis. Ainsi, le matin je **fais de la piscine** avec Camille, **ma voisine de palier** et ma meilleure amie depuis l'université. **Nous nous levons** à sept heures du matin, nous **enfilons** des vêtements épais pour nous protéger du froid et nous montons toutes les deux dans ma voiture en direction de **la piscine municipale.**

For me, the end of the week is the perfect opportunity to leave the rhythm of work behind and rid myself of the monotony of the everyday.

Saturdays, I devote to sport and going out with friends. So, in the morning, I swim with Camille, my next-door neighbor and my best friend since university. We get up at seven in the morning, we slip on some thick clothing to protect us from the cold and we get into my car to go to the local swimming pool.

Après, chacune de nous prend sa douche et nous nous retrouvons une deuxième fois pour déjeuner ensemble, soit dans sa maison, soit dans la mienne. Parfois, **notre ami chef cuisinier** Jérémy nous rejoint et nous prépare **des plats diététiques** et originaux pour manger, à base de **fruits de mer** et de **légumes crus** : c'est sa spécialité.

After, we each take a shower and we meet up for a second time to have lunch together, whether it be at her house or mine. Sometimes, our chef friend Jérémy joins us and we prepare healthy and original meals to eat, made using seafood and raw vegetables: that's his specialty.

Le soir, je m'organise avec Camille et d'autres amis pour sortir **boire un verre**, voir un film ou simplement nous **balader** dans les rues de Paris et ainsi se termine ma journée.

In the evening, I arrange with Camille and some other friends to go out for a drink, see a film or simply wander the streets of Paris, and this is how my day ends.

Le dimanche, je me lève généralement **tard**. Je prends mon petit-déjeuner dans le café en-dessous de chez moi puis je sors mon chat Garfield faire un tour. Quand c'est enfin l'heure de déjeuner, je l'emmène avec moi au restaurant chinois du quartier et nous rentrons ensuite **faire une petite sieste** avant d'aller **faire les courses** au supermarché.

Quand c'est enfin le soir, je me sens toute épuisée après tous ces efforts. Je prends un bain chaud et je me mets dans mon lit **en compagnie de** Garfield, d'**une tasse de thé** et de **mon livre de chevet.**

Sunday, I generally get up late. I have my breakfast in the café beneath my home, then I take my cat Garfield for a walk. When it is finally time for lunch, I bring him with me to a local Chinese restaurant and then we come back to take a little nap before going shopping at the supermarket.

When it is finally evening, I feel totally exhausted after the day's efforts. I take a hot bath and I get into bed with Garfield, a cup of tea and my bedside book.

GLOSSARY :

Les fins de semaine = Weekends

L'occasion idéale = The perfect occasion

Me débarrasser de = To rid myself of (to get rid of)

La monotonie du quotidien = The monotony of the everyday

Consacre (consacrer) = Dedicate (to dedicate)

Fais de la piscine (faire de la piscine) = Swim (to swim)

Ma voisine de palier = My next door neighbor

Nous nous levons (se lever) = We get up (to get up)

Enfilons (enfiler) = We wear (to wear)

Epais = Thick

La piscine municipale = The local pool

Notre ami chef cuisinier = Our chef friend

Des plats diététiques = Healthy meals

Fruits de mer = Seafood

Légumes crus = Raw vegetables

Boire un verre = To have a drink

Se balader = To stroll, walk

Tard = Late

Faire une petite sieste = To take a nap

Faire les courses = To do the shopping

Epuisée (f) = Exhausted

En compagnie de = With

Une tasse de thé = A cup of tea

Mon livre de chevet = My bedside book

Louer un appartement à Lyon //
Renting an apartment in Lyon

Pour **emménager** avec mes deux amies dans un nouvel appartement, nous devons **consulter** tous les jours les offres disponibles sur internet, choisir les meilleures offres et enregistrer les numéros des **propriétaires**. Nous nous voyons chaque soir pour en parler.

To move into a new apartment with my two friends, we must look at the available offers on the internet every day, choose the best offers and make a note of the owners' phone numbers. We see each other every evening to talk about it.

Claudine : - Alors les filles, **vous avez du nouveau ?**

Raya : - J'ai trouvé cette maison avec un salon, deux chambres et un petit jardin. **Le loyer** est à 780 euros par mois.

Moi : - Moi j'ai rien de **neuf** mais, à mon avis, nous avons besoin de trois chambres à coucher et pas moins. Donc, il vaut mieux **privilégier** les annonces de maisons avec salon et trois chambres.

Raya : - Mais les maisons avec 3 chambres et un salon sont les plus **chères**. Je crois que nous n'avons pas d'**autres moyens** que de **louer** une maison avec trois pièces en tout, c'est-à-dire avec un salon et deux chambres, et de transformer le salon en une chambre à coucher.

Claudine : - Comment ça, Raya ? Tu as une idée là-dessus ?

Raya : - Oui ! En fait, la maison dont je viens de vous parler a un salon avec une porte. On peut facilement **aménager** la pièce en une troisième chambre. En plus, c'est le seul appartement au **rez-de-chaussée** avec un joli jardin. C'est la meilleure offre !

Claudine : - En ce qui me concerne, je trouve que c'est une excellente idée. Ça nous fait **dépenser** moins d'argent pour le loyer. Et toi, Yviane ?

Moi : - Je ne suis ni pour, ni contre. Mais il faut d'abord visiter l'appartement pour juger. Si c'est trop petit, on ne peut pas **envisager** d'y habiter toutes les trois.

Raya : - Il me semble que tu as raison. Nous devons vite fixer un rendez-vous avec les propriétaires.

Claudine: - So, girls, do you have anything new?

Raya: - I have found this house with a living room, two bedrooms and a small garden. Rent is 780 euros per month.

Me: - I don't have anything new but, in my opinion, we need three bedrooms and no less. So, it would be better to prioritize house listings with a living room and three bedrooms.

Raya: - But the houses with three bedrooms and a living room are the most expensive. I don't think we have any other options than to rent a house with only three rooms, in other words with one living room and two bedrooms, and to change the living room into a bedroom.

Claudine: - What about that, Raya? Do you have any thoughts on this?

Raya: - Yes! In fact, the house that I'm telling you about has a living room with a door. We can easily turn the room into a third bedroom. Moreover, it's the only apartment on the ground floor with a pretty garden. It's the best offer!

Claudine: - As far as I'm concerned, I think this is an excellent idea. It means we spend less money on rent. And you, Yviane?

Yviane: - I'm neither for nor against it. But we must first visit the apartment to judge. If it's too small, we can't consider living there.

Raya: - I think you're right. We should book an appointment with the owners quickly.

GLOSSARY :

Déménager = To move (out of the house)

Emménager = To move in

Consulter (un docteur) = To see (a doctor)

Propriétaires = Owners

Vous avez du nouveau ? (avoir du nouveau) = Do you have anything new? (to have something new)

Le loyer = The rent

Neuf = New

Privilégier = To favor

Chères(f.pl.) = Expensive

Autres moyens = Other ways, means

Louer = To rent

Aménager = To turn / rearrange

Rez-de-chaussée = Ground floor

Dépenser = To spend

Envisager = To consider

Ma famille

J'ai 21 ans et je suis **l'aînée de ma famille**. J'ai une sœur qui a 20 ans et un frère **cadet** de 17 ans.

Lydia, ma sœur, n'habite plus avec nous car elle **poursuit** ses études à l'étranger. Après avoir passé **le bac**, elle fait aujourd'hui des études de cinéma à Madrid et elle espère réaliser son rêve de devenir **cinéaste**. Nous ne la voyons qu'en été. En hiver comme au printemps, elle part en **stage en entreprise** et voyage beaucoup, surtout en Asie, où elle découvre chaque année un nouveau pays.

I'm 21 years old and the oldest in my family. I have a sister, who is 20, and a 17-year-old, younger brother.

Lydia, my sister, no longer lives with us because she is continuing her studies abroad. After having taken her Baccalaureate exams, she now studies film in Madrid and hopes to realize her dream of becoming a movie director. We only see her in the summer. In winter as in spring, she leaves for an internship and travels a lot, especially in Asia, where she discovers a new country each year.

Lydia me ressemble beaucoup. Nous partageons toutes les deux l'amour du cinéma et de l'art en général. Malgré cela, nous ne suivons pas le même **parcours universitaire**. Je suis élève ingénieur et elle une future réalisatrice de films. J'aime beaucoup **l'informatique** et c'est cela qui me pousse à continuer même si mes études sont très difficiles, et je garde ainsi ma passion pour le cinéma comme **un loisir**, un divertissement.

Lydia is a lot like me. We both share a love of cinema and art in general. Despite this, we aren't taking the same university course. I am an engineering student and she is a future filmmaker. I like IT a lot and that's what pushes me to continue even if my studies are very difficult, and so I keep my passion for cinema as a hobby, a distraction.

Moi non plus je ne vis plus avec ma famille depuis ma première année d'études. J'habite avec deux colocataires, et je gagne ainsi mon indépendance et ma liberté. Et chaque fin de semaine, je rentre à notre maison où je retrouve mes parents et Ilyan, mon frère cadet.

Ilyan est différent de nous deux. Il n'est pas très **brillant** à l'école et tout ce qui l'intéresse c'est le foot. Il passe ses journées à jouer dans l'équipe locale, à regarder des matchs au **stade** ou à la télé. **Il ne rate pas une occasion** de parler de foot ou de son équipe, et pourtant il affirme quedevenir **joueur professionnel n'est pas son rêve.**

I don't live with my family any more either, not since my first year of studying. I live with two roommates, and so I'm gaining my independence and freedom. Every weekend, I go home and meet up with my parents and Ilyen, my younger brother.

Ilyen is different to both of us, he is not very bright at school and all that interests him is soccer. He spends his days playing for the local team, watching matches at the stadium or on the television. He doesn't miss an opportunity to speak about soccer or his team. However, he maintains that becoming a professional soccer player is not his dream.

GLOSSARY :

L'aînée (f.) = The eldest child

Cadet (m.) = The youngest (child)

Poursuit (poursuivre) = Finish, continue (to finish, to continue)

Cinéaste = Movie director

Stage en entreprise = Internship

Parcours universitaire = University course

L'informatique = IT (Information Technology)

Un loisir = A hobby

Brillant = Smart

Stade = Stadium

Il ne rate pas une occasion (ne pas rater une occasion) = He doesn't miss any opportunity (to not miss any opportunity)

Equipe = Team

Joueur professionnel = Professional player (soccer)

Petite, toujours et encore petite //
Small, always have been, always will be

Depuis toute petite, j'ai toujours été la plus petite de taille parmi mes cousins, mes amis et tous les enfants de mon âge. Dans les photos de classe, je me plaçais toujours au **premier rang** pour **apparaître** sur la photo, et dans les anniversaires et les fêtes, il m'était toujours difficile de trouver une robe à ma taille qui ne me couvrait pas totalement. Même avec les lunettes et les chapeaux, j'ai le même problème, et ça continue jusqu'à ce jour.

Since an early age, I have always been the smallest of my cousins, friends and every child my age. In class photos, I was always placed in the front row so as to be seen in the photo, and at birthdays and parties, it was always difficult for me to find dresses my size which didn't completely cover me. Even with sunglasses and hats, I have the same problem, and this continues to this day.

Aujourd'hui, j'ai 21 ans, je fais 1m61, je pèse 49 kilos et **je chausse du 36**. Parfois, je suis obligée de chercher des paires de lunettes ou autres accessoires dans **le rayon des petits**. Cela ne me dérange pas du tout. Au contraire, c'est devenu le sujet de **rigolade** préféré avec ma famille et mes amis. Il y a aussi des gens qui disent que j'ai de la chance, parce que, grâce à ma petite taille, je trouve facilement des vêtements uniques que les autres ne trouvent pas dans le rayon des femmes.

Today, I'm 21, 1m 61cm tall, I weigh 49kg and I wear size 5 shoes. Sometimes, I have to look for pairs of sunglasses or other accessories in the children's section. This doesn't bother me at all. Quite the opposite, it has become the preferred laughing matter for my parents and friends. There are also people who say that I'm lucky because, thanks to my small size, I can easily find unique clothing that others don't find in the women's section.

Mon copain, lui, il fait 1m80. Il est beaucoup **plus grand** que moi et il m'appelle souvent « petite ». Il a même les cheveux beaucoup plus longs que les miens, qui sont coupés très courts.

My boyfriend is 1m 80cm tall. He is much taller than me and often calls me "little". He even has much longer hair than mine, which is cut very short.

Nous nous racontons tout le temps **les avantages** et **inconvénients** qu'il y a à être très grand ou très petit, les difficultés que l'on peut rencontrer dans la vie de tous les jours à cause de sa taille ou de son physique, et nous en rigolons. Nos amis nous **taquinent** en disant que nous avons l'air très **marrants** debout l'un à côté de l'autre, mais que nous formons un couple très « remarquable »».

We always talk about the advantages and disadvantages of being very tall or very small, the difficulties we may encounter in everyday life because of our size or physique, and we laugh about it. Our friends tease us by saying we look funny standing next to each other, but that we make a very "impressive" couple.

GLOSSARY :

Premier rang = First/front line, row

Apparaître = To appear

Je chausse du (chausser du) = My shoe size is

Le rayon des petits = The children's section, department

Rigolade = Laughs, joke

Plus grand = Taller

Les avantages = The advantages

Inconvénients = Drawbacks

Taquinent (taquiner) = Tease (to tease)

Marrants (pl.) = Funny

Quatre nationalités sur un même bateau //
Four nationalities on the same boat

Sur **le bateau** qui mène aux îles des princes à Istanbul, nous rencontrons **un touriste belge**, qui découvre lui aussi **les paysages turcs** pour la première fois de sa vie. Il est accompagné d'une amie allemande qui habite à Bruxelles depuis 7 ans.

Avec mes deux amis français, Nathalie et Jérôme, nous **faisons connaissance** avec eux et nous discutons ensemble de notre **séjour**.

On the boat heading to the Princes' Islands in Istanbul, we meet a Belgian tourist, who is also discovering the Turkish landscapes for the first time in his life. He is with a German friend who has lived in Brussels for 7 years.

With my two French friends, Nathalie and Jérôme, we get to know them and we discuss our trip together.

Le touriste : - Vous êtes ici depuis combien de temps ?

Nathalie : - Depuis un jour seulement. Et nous **repartons** demain à Paris.

Le touriste : - Ah ! Mais pourquoi donc ? Vous vous ennuyez ici ?

Nathalie : - Non, ce n'est pas qu'on n'aime pas la Turquie. Au contraire, nous passons de merveilleux moments depuis notre arrivée. Simplement, nous ne sommes pas en vacances. **Du coup**, nous **profitons de** chaque week-end pour découvrir un nouveau pays.

Le touriste : - Quel dommage ! Mon amie Johanna et moi **comptons** rester une semaine à Istanbul avant de partir à Athènes en Grèce... C'est bien de passer à chaque fois deux à trois jours dans une ville différente, mais vous ne trouvez pas ça **fatigant** ?

Jérôme : - Oh ! Que si. Nous voyageons beaucoup, presque toutes les fins de semaines, et ce même quand il fait trop froid ou très chaud, sauf quand nous sommes **en période de révision**. Mais malgré la fatigue, nous sommes toujours motivés et prêts pour un nouveau voyage.

Le touriste : - Quelle chance ! Je suis vraiment impressionné ! Vous allez garder de beaux souvenirs en grandissant !

Moi : - Et vous, comment trouvez-vous votre séjour ?

Le touriste : - Les paysages, les gens, la cuisine et l'air frais sont magnifiques ! Nous passons d'**agréables moments** et nous sommes très heureux !

The tourist: - How long have you been here for?

Nathalie: - Only for a day. And we are leaving for Paris tomorrow.

The tourist: - Ah! But why? Are you bored here?

Nathalie: - No, it's not that we don't like Turkey. It's quite the opposite, we have had a magnificent time since we arrived. It's simply that we aren't on holiday. So, we are taking advantage of every weekend to discover a new country.

The tourist: - What a shame! My friend Johanna and I intend to stay for a week in Istanbul before leaving for Athens in Greece… It's nice to spend two to three days in a different city each time, but don't you find it tiring?

Jérôme: - Oh! Yes indeed. We travel a lot, almost every weekend, even when it is too cold or very hot, except when we are in a revision period. But despite tiredness, we are always enthusiastic and ready for a new trip.

The tourist: - How lucky! I'm really impressed! You are going to have wonderful memories when you get older.

Me: - And you, how are you finding your trip?

The tourist: - The scenery, the people, the food, and the fresh air are wonderful! We are having a pleasant time and we are very happy!

GLOSSARY :

Le bateau = The boat

Un touriste belge = A Belgian tourist

Les paysages turcs = Turkish landscapes

Faisons connaissance (faire connaissance) = We get to know (to get to know)

Séjour = Stay, trip

Repartons (repartir) = We go back (to go back)

Du coup = So

Profitons (profiter de) = We take advantage of (to take advantage of)

Comptons (compter) = We intend to (to intend to)

Fatigant = Tiring

En période de révision = Revision period (period in which you study before the exams)

Agréables moments = Pleasant times

Sait-on comment gérer son stress ? //
Do you know how to manage your stress?

De nos jours, le stress est l'ennemi numéro 1 des hommes. Nous le ressentons chaque jour et dans chaque activité que nous **entreprenons**. Il est souvent associé à une **mauvaise organisation**, à un **manque de sommeil,** ou de confiance en soi. Mais en réalité, personne n'est à l'abri du stress. La question est de savoir comment le **gérer**.

Nowadays, stress is Public Enemy Number 1 amongst men. We feel it every day and in every activity we do. It is often associated with poor organization, a lack of sleep, or self-confidence. But in reality, nobody is sheltered from stress. The question is to know how to deal with it.

Les professionnels du « lifestyle » - ou « mode de vie » - recommandent de suivre des **régimes**, des sports, des activités, telles que la lecture ou le yoga, dites anti-stress, et de participer dans des clubs ou des associations...

Personnellement, je pense que chacun doit essayer de trouver son équilibre et d'identifier **nettement** les attitudes et les tâches qui le **répugnent.** Et ce, indépendamment de l'avis des autres.

"Lifestyle" – or "way of life" – professionals recommend following diets, playing sports, doing so called anti-stress activities, such as reading or yoga, and being involved in clubs or societies.

Personally, I think that everyone should try to find their balance and clearly identify the attitudes and tasks which they loathe. And do this independently of the opinions of others.

Ainsi, nous ne sommes pas tous **passionnés** de cinéma ou de foot : certains trouvent du plaisir à rester chez soi pour **prendre soin** de leurs jardins alors que d'autres ne supportent pas de se sentir seuls. Certains éprouvent de la satisfaction en aidant **les personnes démunies** alors que d'autres préfèrent ne pas penser aux **injustices de la vie**. D'autres encore aiment se relaxer sur la plage avec un livre à la main alors que d'autres cherchent l'adrénaline en pratiquant des sports extrêmes et en découvrant des endroits interdits. Nous ne sommes pas tous des **adeptes** de la planification non plus : certains utilisent un agenda pour noter leurs rendez-vous, d'autres préfèrent utiliser leurs portables, et d'autres encore trouvent cela inutile puisqu'ils se rappellent de tout.

Thus, we aren't all passionate about cinema or soccer: some find pleasure in staying home to take care of their gardens whilst others can't stand feeling alone. Some experience satisfaction by helping deprived people whilst others prefer to not think about life's injustices. And others like relaxing on the beach with a book in hand, whilst others seek out adrenaline by doing extreme sports and discovering forbidden places. We aren't all fans of planning either: some use a calendar to note their meetings, others prefer to use their phones, and others find that pointless since they remember everything.

Une des vérités de ce monde est que nous sommes tous différents. Nous n'expérimentons pas le stress de **la même façon**, il n'y a donc rien qui nous oblige à le gérer de la même manière ou à suivre des solutions standards toutes prêtes.

One of the truths of this world is that we are all different. We don't experience stress in the same way, so there is nothing which forces us to manage it in the same way or to follow standard, ready-made solutions.

GLOSSARY :

Entreprenons (entreprendre) = We begin doing (to begin or start doing)

Mauvaise organisation = Bad organisation

Manque de sommeil = Lack of sleep

Gérer = To manage, handle

Régimes = Diets

Nettement = Clearly

Répugnent (répugner) = They disgust (to disgust)

Passionnés = Passionate, enthusiastic

Prendre soin = To take care

Les personnes démunies = Deprived, helpless people

Injustices de la vie = Life's injustices

Adeptes = Fans

La même façon = The same way

Sur le chemin du palais de Dolmabahçe //
On the way to Dolmabahçe Palace

Aujourd'hui, c'est notre dernier jour de visite à Istanbul. Tôt le matin, mes amis et moi décidons de prendre le métro pour traverser **le pont** du Bosphore et arriver au **palais** de Dolmabahçe.

Nous descendons à la troisième station. Nous nous trouvons alors sur **la rive** asiatique mais nous ne savons pas comment continuer jusqu'au palais.

Today is the last day of our visit to Istanbul. Early in the morning, my friends and I decide to take the metro to cross the Bosporus Bridge and get to the Dolmabahçe Palace.

We get off at the third station. We find ourselves on the Asian side of the river, but we don't know how to get to the Palace.

Nous demandons au premier **passant** dans la rue :

- Bonjour. Excusez-nous, nous sommes un peu **perdus**. Pouvez-vous nous montrer le chemin jusqu'au palais de Dolmabahçe ?

- Bonjour. Le palais n'est pas **loin**. Vous pouvez y aller à pied. Il est juste à côté du **port** de plaisance. Connaissez-vous cet **endroit** ? Si vous voulez visiter **les îles** des princes, vous n'avez qu'à prendre le bateau de là-bas.

- Malheureusement, non. Nous ne connaissons pas le port et nous n'avons pas le temps de découvrir toute la ville. Nous **comptons** visiter seulement le palais aujourd'hui.

We ask the first passerby in the street:

- Hello. Excuse us, we are a little lost. Can you show us the way to the Dolmabahçe Palace?

- Hello. The Palace isn't far. You can walk there. It is just next to the marina. Do you know that place? If you want to visit the Princes' Islands, you only have to take a boat from there.

- Unfortunately, no. We don't know the marina and we don't have the time to discover the whole city. We are only intending to visit the Palace today.

- Bon alors, pour arriver au palais, vous devez continuer **tout droit**. Lorsque vous rencontrez un grand bâtiment tout en **verre** sur votre gauche, vous devez **traverser la rue** et monter **la colline** qui est à côté de l'immeuble. Avez-vous compris jusque-là ?

- Oui, nous avons parfaitement compris. Continuez, s'il vous plaît.

- Après la colline, vous allez vous trouver dans un petit **jardin public**. Le palais est juste **en face**, et le port à côté.

- Merci beaucoup !

- Je vous en prie. Si vous vous perdez une seconde fois en route, vous n'avez qu'à demander à n'importe quel passant que vous rencontrez. Tout le monde connaît le palais ici.

- Merci, c'est très gentil à vous.

- **Okay, so, to get to the Palace, you must go straight on. When you come across a large glass building on your left, you must cross the road and climb the hill which is next to the building. Have you understood up to now?**

- **Yes, we have understood perfectly. Please continue.**

- **After the hill, you will find a small public garden. The Palace is just opposite, and the gate is to the side.**

- **Thanks a lot!**

- **You're welcome. If you get lost a second time on the way, you only have to ask whichever passerby you meet. Everyone knows the Palace here.**

- **Thank you, it's very kind of you.**

GLOSSARY :

Le pont = The bridge

Le palais = The palace

La rive = The bank (water)

Passant = Passerby

Perdus (pl.) = Lost

Loin = Far

A pied = On foot

Port = The port (for ships)

Endroit = Place

Les îles = The islands

Comptons (compter) = We intend to (to intend to)

Tout droit = Straight on

Verre = Glass

Traverser la rue = To cross the street

La colline = The hill

Jardin public = Public garden

En face = Opposite

Trois choses que j'aime dans la vie //
Three things I love in life

Pour moi, **le vélo** c'est avant tout une passion. Mais c'est aussi une partie de ma vie.

Les moments les plus mémorables, les plus beaux que je vis et dont je me **souviens** aujourd'hui sont tous liés à des sorties en vélo, seule ou avec des amis.

Longer les chemins qui donnent sur la mer ou sur la montagne à bicyclette est un véritable bonheur pour moi. Cela me permet de **profiter** du paysage, du beau temps, aussi bien que du mauvais temps.

For me, cycling is above all a passion. But it's also a part of my life.

The most memorable, beautiful moments that I experience and remember today are all linked to cycling outings, alone or with friends.

Cycling along routes which look out to the sea or the mountains is a real joy for me. It allows me to enjoy the scenery, nice weather, as well as bad weather.

D'ailleurs, il n'y a rien de plus excitant que de **pédaler à grande vitesse** pour échapper à une forte pluie, surtout quand on est avec des amis et qu'on se met à se lancer **des cris de joie**, de **peur** et d'excitation.

For that matter, there is nothing more exciting than pedaling very quickly to escape heavy rain, especially when you are with friends and we start letting out cries of joy, fear and excitement.

Ma deuxième passion après le vélo, c'est le cinéma. Et comme pour le vélo, je la pratique presque quotidiennement. J'aime particulièrement le cinéma contemporain canadien, et mon idole c'est le jeune réalisateur Xavier Dolan dont je ne **rate** aucun film. J'adore aussi les films de Lars Von Trier.

Quant à mes acteurs préférés, ils sont tous français : Louis Garrel, Eva Green, Audrey Tautou et Charlotte Gainsbourg. Je ne rate aucun festival de cinéma dans ma **ville** ou dans mon école. J'ai même dans ma tête un petit projet de **projections-débats** qu'on va **lancer** l'année prochaine à l'école, et où l'on va présenter des films d'auteurs, des films documentaires et des séances de **courts-métrages.**

My second passion, after cycling, is cinema. And like cycling, I practice it almost every day. I particularly love contemporary Canadian cinema, and my idol is the young filmmaker, Xavier Dolan. I don't miss any of his movies. I also love the movies by Lars Von Trier.

As for my favorite actors, they are all French: Louis Garrel, Eva Green, Audrey Tautou and Charlotte Gainsbourg. I don't miss any film festival in my city or at my school. I even have in my head a little project for a movie screening and debate which will start at school next year, and where we will present independent movies, movie documentaries and short film sessions.

Mon troisième et dernier plaisir, c'est d'être accompagnée. C'est pour cela que j'essaie toujours d'être **entourée** d'amis et de **faire de nouvelles rencontres**. Cependant, j'apprécie aussi parfois **la solitude**.

My third and final passion is to be with someone. That's why I always try to be around friends and meet new people. However, sometimes I also appreciate being alone.

GLOSSARY :

Le vélo = Cycling

Souviens (se souvenir) = Remember (to remember)

Longer = To ride along

Profiter = To enjoy

Pédaler à grande vitesse = To pedal very quickly

Echapper = To escape

Des cris de joie = Shouts of joy

Peur = Fear

Rate = Miss

Ville = City/town

Projections-débats = Projection/ screening + debate

Lancer = To launch

Courts-métrages = Short films

Entourée (f.) = Surrounded

Faire de nouvelles rencontres = To meet new people

La solitude = Solitude/loneliness

Trois jours pour découvrir Istanbul //
Three days to explore Istanbul

Aujourd'hui, c'est ma première journée à Istanbul, l'une des plus grandes et plus **vieilles** villes d'Europe. Je suis arrivée avec Jérôme et Nathalie, et nous **comptons faire le tour** des musées et des monuments en trois jours **seulement**.

Today is my first day in Istanbul, one of the largest and oldest cities in Europe. I came with Jérôme and Nathalie and we intend to tour the museums and monuments in just three days.

Jérôme : - Je pense qu'on doit d'abord commencer par visiter la **mosquée** bleue et le musée Sainte-Sophie, vu qu'on **est hébergés** tout près. Après, on peut aller dans un restaurant, avant d'**entamer** la visite du **palais** Topkapi. Qu'en dites-vous ?

Jérôme: - I think we should start by visiting the Blue Mosque and the Saint Sofia museum, seeing as we are staying nearby. After, we can go to a restaurant, before beginning the visit to the Topkapi Palace. What do you say?

Nathalie : - D'après mes recherches, il est très **vaste** et je pense que ça va nous prendre beaucoup de temps. Je propose de commencer par les petites découvertes afin de varier les activités de la journée et on peut laisser le palais de Topkapi et celui de Dolmabahçe, qui est tout aussi intéressant, pour la fin de notre **séjour**.

Nathalie: - According to my research, it's huge and will take a lot of time. I suggest starting with the small things in order to vary the day's activities and we can leave the Topkapi Palace and the Dolmabahçe Palace, which is just as interesting, for the end of our trip.

Moi : - Je suis d'accord avec Nathalie. Par contre, si l'on veut gagner du temps, je pense qu'il est inutile de déjeuner dans un restaurant. On ferait mieux d'acheter des sandwichs qu'on peut manger **en route** et en profiter ainsi pour visiter un maximum d'**endroits**.

Me: - I agree with Nathalie. On the other hand, if we want to save time, I don't think it's useful to eat lunch in a restaurant. We would do better

to buy sandwiches which we can eat en route and take advantage of this to visit as many places as possible.

Nathalie : - Bonne idée. Jérôme, qu'en penses-tu?

Jérôme : - Je n'ai aucun problème avec ça. Donc, on commence par où finalement ?

Moi : - La mosquée bleue, et le musée Sainte-Sophie qui est juste **en face**. Au lieu de faire une pause-déjeuner, on prend le métro pour aller au fameux Taksim square. On raconte que c'est le **quartier** le plus animé et le plus **cosmopolite** de tout le pays.

Jérôme : - Je crois savoir aussi qu'il y a là la plus grande avenue avec du street art d'Istanbul.

Nathalie : -Parfait, **c'est parti !**

Nathalie: - Good idea. Jérôme, what do you think?

Jérôme: - I don't have a problem with that. So, where do we start?

Me: - The Blue Mosque and the Saint Sophia Museum which is just opposite. Instead of taking a lunch break, we are taking the metro to go to the famous Taksim Square. It was mentioned that it's the liveliest and most cosmopolitan district in the whole country.

Jérôme: - I also know that the largest avenue of street art in Istanbul is there.

Nathalie: - Perfect, let's go!

GLOSSARY :

Vieilles (pl. f) = Old

Comptons (compter) = We intend to (to intend)

Faire le tour = To go around

Seulement = Only

Mosquée = Mosque

Est hébergés (être hébérgé) = Lives (to live, to be "accommodated")

Entamer = To begin

Palais = Castle, palace

Vaste = Huge

Séjour = Stay

En route = On our way

Endroits = Places

En face = Opposite

Quartier = District, neighborhood

Animé = Lively

Cosmopolite = Cosmopolitan

C'est parti ! = Let's go!

Un shopping qui n'en finit pas //
A never-ending shopping trip

Aujourd'hui, je fais du shopping avec ma maman pour choisir une robe que je vais porter au mariage de mon cousin.

Au bout d'une longue matinée passée à choisir entre plusieurs modèles et à **rentrer** dans différentes **boutiques**, je trouve finalement la robe qui me plaît. Elle existe en deux couleurs : en noir et en bleu. Je prends les deux et je vais dans la cabine d'essayage.

Today, I am shopping with my mom to choose a dress that I'll wear at my cousin's wedding.

After a long morning spent choosing between several styles and going into different stores, I finally find the dress I like. It's available in two colors: black and blue. I take both and go into the dressing room.

Je mets la robe noire en premier et je la **montre** à ma maman qui ne peut pas **cacher** son admiration :

- **Ravissante ! Elle te va à merveille,** ma chérie ! me dit-elle.

- Bon, je vais encore **essayer** la robe bleue et on décidera **après**.

I put on the black dress first and I show it to my mom who can't hide her admiration:

- Beautiful! It suits you perfectly, darling! she says to me.

- Okay, I will still try on the blue dress and decide afterwards.

Après le deuxième essayage :

- Oh ! Magnifique ! Je préfère **celle-ci**, s'exclame-t-elle.

- Hum... Je ne suis pas très **convaincue,** maman.

- Le bleu fait ressortir la couleur de tes yeux...

- Mais la robe noire est plus élégante. En plus, je peux mettre mes **talons** rouges et noirs avec, mais pas avec la bleue.

- Tu peux acheter de nouvelles chaussures **assorties à** ta robe ma chérie, elles peuvent être en gris foncé par exemple... **Ne te fais pas de soucis pour ça**.

- Je ne sais pas... Je suis un peu confuse... Je l'aime bien en noir.

- Bon, dans ce cas on **garde** la robe noire.

- Oh ! J'ai **une meilleure idée** ! Tu **te rappelles** de la robe jaune pâle, **dos nu,** que je t'ai montrée tout à l'heure ?

- Celle dans la boutique d'**en face** ?

- Oui !

- Bon alors on essaie la robe jaune et ensuite on décide une fois pour toutes.

After trying the second dress:

- Oh! Wonderful! I prefer this one, she exclaims.

- Hum... I'm not very convinced, mom.

- The blue brings out the color of your eyes...

- But the black dress is more elegant. What's more, I can wear my red and black high heels with it, but not with the blue one.

- You can buy new shoes matching your dress, sweetheart. They can be dark gray for example... Don't worry about that.

- I don't know... I am a little confused... I really like it in black.

- Okay, in that case we'll get the black dress.

- Oh! I have a better idea! Do you remember the pale yellow, backless dress I showed you earlier?

- The one in the store opposite?

- Yes!

- Okay, so we try on the yellow dress and then decide once and for all.

GLOSSARY :

Rentrer = To go back

Boutiques = Shops

Vais (aller) = I go (to go)

Montre (montrer) = Show (to show)

Cacher = To hide

Ravissante (f.) = Beautiful

Elle te va à merveille (aller à merveille) = It really suits you (to suit very well, perfectly)

Essayer = To try

Après = After

Celle-ci = This one

Convaincue (f.) = Convinced

Talons = High heels

Assorties à (pl.f.) = Matching

Ne te fais pas de soucis pour ça (se faire du soucis) = Don't worry about that (to worry)

Garde (garder) = Keep (to keep)

Une meilleure idée = A better idea

Te rappelles (se rappeler) = You remember (to remember)

Dos nu = Backless

En face = Across, opposite

Une consultation chez notre médecin de famille // An appointment with our family doctor

Ce matin, après le footing, je **ressens une douleur fulgurante** dans mon **avant-bras** gauche. Je m'arrête **sur-le-champ** et je demande de l'aide à Jérôme qui est à côté de moi. Il me dit d'arrêter tout de suite et d'aller voir **le médecin**. Nous rentrons donc tous les deux et nous prenons le métro en direction du **cabinet** de notre médecin de famille, dans le 11ème arrondissement de Paris.

This morning, after running, I feel a searing pain in my left forearm. I stop immediately and I ask Jérôme, who is next to me, for help. He tells me to stop right away and to go see a doctor. We both turn back and take the metro towards our family doctor's office, in the 11th arrondissement of Paris.

Heureusement, quand nous arrivons, **la salle d'attente** n'est pas très **remplie**. **Un quart d'heure** plus tard, nous entrons dans le cabinet.

Le médecin : - Bonjour. **Installez-vous** je vous prie. Alors, qu'est-ce qui vous **amène** ici ?

Moi : - Bonjour docteur. Mon bras gauche me **fait mal** depuis ce matin. Je ne sais pas pourquoi.

Le médecin : - Pouvez-vous me préciser à quel moment ?

Moi : - Oui. Ce matin alors que je faisais du footing **comme d'habitude**, j'ai ressenti **soudainement** une douleur dans mon avant-bras. Alors je me suis arrêtée et je suis venu vous voir.

Le médecin : - Est-ce que vous avez encore mal ?

Moi : - Oui, mais beaucoup **moins** que ce matin.

Le médecin : - Bien. Je vais vous examiner. **Allongez-vous** sur le lit.

Luckily, when we arrive, the waiting room isn't very full. 15 minutes later, we go into the office.

The doctor: - Hello, please sit down. So, what brings you here?

Me: - Hello, Doctor. My left arm has been hurting since this morning. I don't know why.

The doctor: Can you tell me when precisely?

Me: - Yes. This morning whilst I was running as usual, I suddenly felt a pain in my left forearm. So, I stopped and came to see you.

The doctor: And are you still in pain?

Me: - Yes, but much less than earlier

The doctor: OK. I'm going to examine you. Lie down on the bed.

Le docteur Lorrain prend d'abord **ma tension,** puis il se met à examiner mon bras et à le tourner dans toutes les directions.

Le médecin : - Avez-vous mal à la tête, de la fièvre, **une envie** de **vomir** ou autre **sensation désagréable** ?

Moi : - Non docteur.

Le médecin : - Bien. Il n'y a rien de **grave**. C'est juste de **la fatigue musculaire**. Pratiquez-vous d'autres sports ou manipulez-vous des objets **lourds** dans votre **quotidien** ?

Moi : - Non.

Doctor Lorrain takes my blood pressure first of all, then she starts examining my arm and turns it in every direction.

The doctor: - Do you have a headache, a fever, a desire to throw up or any other unpleasant feeling?

Me: - No, Doctor.

The doctor: - Okay. It's nothing serious. It's just muscle fatigue. Do you play sports or move heavy objects in your daily life?

Me: - No.

À cet instant-là, Jérôme intervient :

Jérôme : - Mais elle ne mange pas assez. Je lui **conseille** toujours de **faire attention** à son **alimentation** et de bien manger avant de faire du sport ou de partir au travail.

Le médecin : - En effet. Un des facteurs majeurs qui peuvent provoquer la fatigue est la malnutrition. Vous devez faire attention à présent. Je vais vous prescrire aussi **un calmant** pour **apaiser la douleur**.

Moi : - Merci docteur. Je vous promets, je vais faire plus attention.

At this moment, Jérôme intervenes:

Jérôme: - But she doesn't eat enough. I always advise her to pay attention to her diet and to eat well before playing sport or going to work.

The doctor: - Indeed. One of the major factors that can cause fatigue is malnutrition. You must be careful now. I am going to prescribe you a painkiller to dull the pain.

Me: - Thank you, Doctor. I promise you, I will be more careful.

GLOSSARY :

Une consultation = A consultation

Ressens (ressentir) = I feel (to feel)

Une douleur fulgurante = A searing pain

Avant-bras = Forearm

Sur-le-champ = Immediately

Le médecin = The doctor

Cabinet = Office, consulting room

Heureusement = Fortunately

La salle d'attente = The waiting room

Remplie (f.) = full

Un quart d'heure = A quarter of an hour, 15 minutes

Installez-vous (s'installer) = Sit down (to sit down)

Amène (amener) =Bring (to bring)

Fait mal (faire mal) = Hurts (to hurt)

Comme d'habitude = Like always

Soudainement = Suddenly

Moins = Less

Allongez-vous (s'allonger) = Lie down (to lie down)

Ma tension = My blood pressure

Une envie = An urge

Vomir = To throw up, vomit

Sensation désagréable = Unpleasant feeling

Grave = Serious

La fatigue musculaire = Muscle fatigue

Lourds (pl.) = Heavy

Quotidien = Everyday

Conseille (conseiller) = Advise (to advise)

Faire attention = To pay attention

Alimentation = Diet

Un calmant = A painkiller

Apaiser = To calm/dull

La douleur = The pain

Une matinée à la bibliothèque //
A morning in the library

Ce matin, je vais à **la bibliothèque** de l'université, au troisième étage. A **l'intérieur**, c'est l'un des **endroits** les plus **calmes** et les mieux organisés. Les étudiants sont tous **plongés dans leurs lectures** ou alors occupés à leurs recherches.

Je me dirige aussitôt vers **la bibliothécaire**, une jeune femme au **visage souriant** et aux **traits bienveillants.**

This morning, I am going to the university library, on the third floor. Inside, it's one of the calmest and most organized places. The students are all focused on their reading or busy with their research.

I head towards the librarian, a young woman with a smile on her face and with nice features.

- Bonjour. Je suis nouvelle à l'université. Pouvez-vous me dire comment je peux **m'inscrire** ici ?

- Bonjour. En fait, l'inscription est **gratuite** et elle se fait **en ligne**. Il suffit d'entrer le numéro de votre **carte d'étudiant** et de vous enregistrer sur notre site.

- Ah ! Pouvez-vous me donner l'adresse **complète** du site s'il vous plaît ?

- Oui, bien sûr. Attendez une minute, je vous donne **une brochure**. Elle contient l'adresse du site et toutes les informations **utiles** qui peuvent vous aider.

- Merci. J'ai juste une **dernière** question à vous poser, si vous le permettez.

- Allez-y, je **vous écoute**.

- Hello, I'm new to the university. Can you tell me how I enroll here?

-Hello. In fact, enrolment is free, and it's is done online. Just enter the number on your student card and register yourself on our website.

- Ah! Can you give me the full web address please?

- Yes, of course. Wait a minute, I will give you a leaflet. It contains the web address and all the useful information which may help you.

- Thank you. I have just one last question to ask you, if you don't mind.

- Go ahead, I'm listening.

- Excusez-moi de prendre de votre temps, mais j'ai besoin de connaître **le règlement** et d'avoir une idée des **heures d'ouverture** et de **fermeture**, d'en savoir plus sur **les emprunts** et **les délais** à respecter...

- **Ne vous inquiétez pas**, c'est mon travail de vous tenir informée de tout cela. La bibliothèque ouvre à 8 heures du matin et ferme à minuit. Vous pouvez y rester **autant que vous voulez,** à condition de ne pas **déranger** les autres. Vous pouvez **emprunter** jusqu'à trois livres à la fois et les garder chez vous pendant deux semaines.

A l'inscription, nous vous **fournissons une carte de membre**, grâce à laquelle vous pouvez aussi consulter vos emprunts et demander **une prolongation**.

Suivez-moi, je vous montre **les rayons**...

- Sorry for taking up your time, but I need to know about the rules and to get an idea of the opening and closing times, and to know more about borrowing books and the deadlines to respect...

- Don't worry, it's my job to keep you informed of all that. The library opens at 8am and closes at midnight. You can stay here as long as you want, as long as you don't bother others. You can borrow up to three books at a time and keep hold of them for two weeks.

During sign up, we provide you with a membership card, through which you can also look at your withdrawals and ask for a loan extension.

Follow me, I will show you the bookshelves.

GLOSSARY :

La bibliothèque = The library

Etage = Floor

A l'intérieur = Inside

Endroits = Places

Calmes (pl.) = quiet

Plongés dans leurs lectures = Focused on their reading

La bibliothécaire = The librarian

Visage souriant = Smiling face

Traits bienveillants = Kind features

M'inscrire (s'inscrire) = Enroll/subscribe me (to subscribe)

Gratuite (f.) = Free

En ligne = Online

Carte d'étudiant = Student card

Complète (f.) = Full

Une brochure = A pamphlet, leaflet

Utiles (pl.) = Useful

Dernière (f.) = Last

Vous écoute (écouter) = Listen to you (to listen to)

Le règlement = The rules

Heures d'ouvertures = Opening hours

Heures de fermeture = Closing hours

Les emprunts = The borrowing (the books borrowed)

Les délais = Deadlines

Ne vous inquiétez pas (ne pas s'inquiéter) = Don't worry about it (to not worry about it)

Autant que vous voulez = As long as you want to

Déranger = To disturb

Emprunter = To borrow

A la fois = At the same time

Fournissons (fournir) = We provide (to provide)

Une carte de membre = A membership card

Une prolongation = Extra time/an extension

Les rayons = Shelves

Une rencontre au hasard //
A chance encounter

Chaque samedi après-midi, Jérôme et moi **retrouvons** nos amis dans notre ciné-club préféré : le Rio, situé à deux stations de métro de chez nous. Cette fois, en arrivant devant la porte en **fer forgé** qui donne sur le jardin extérieur du Rio, nous sommes surpris de la trouver fermée. Devant nous, une jeune fille brune discute avec **le concierge**. Elle a un léger accent étranger et nous en concluons que c'est une touriste italienne ou espagnole.

Every Saturday afternoon, Jérôme and I meet our friends in our favorite film club, Rio, located two metro stations from our home. This time, arriving at the wrought iron door which overlooks Rio's back garden, we are surprised to find it closed. In front of us, a young, brunette girl is talking with the janitor. She has a slight foreign accent and we come to the conclusion that she is either an Italian or a Spanish tourist.

Après un moment, elle se tourne vers nous et dit :

- C'est **dommage**. Je viens ici pour la première fois et on me dit que ça n'ouvre pas avant lundi **prochain**, alors que je dois **repartir** ce vendredi à Rome. Tous mes amis qui connaissent Paris disent que c'est l'un des meilleurs **endroits** à visiter.

- Ah ! Vous êtes donc italienne ? Et vous êtes ici depuis longtemps ?

- Oui. Je passe mes vacances d'été en France pour apprendre à parler votre langue. Mais je vais chaque fois dans **une région différente**. Cette fois, c'est Paris.

- Ça a l'air **amusant** !

- Oh que oui ! Je suis très contente de mon **séjour linguistique** !

After a while, she turns towards us and says:

- It's a shame. It's my first time here and he tells me that this isn't open until next Monday, but I have to leave for Rome this Friday. All my friends who know Paris say that this is one of the best places to visit.

- Ah! So, you're Italian? How long have you been here for?

- Yes. I am spending my summer vacations in France to learn to speak your language. But I go to a different region every time. This time it's Paris.

- That sounds fun!

- Oh yes! I am very happy with my language stay!

- Nous sommes sincèrement désolés pour le Rio. C'est vraiment un endroit magnifique. Mais si vous voulez, nous pouvons vous recommander d'autres endroits tout aussi intéressants que vous ne connaissez peut-être pas.

- Oh, merci ! En fait, je cherche **une bibliothèque** depuis hier.

- Il y a la bibliothèque nationale pas loin d'ici...

- **We are sincerely sorry about Rio. It truly is a wonderful place. But if you want, we can recommend other places that are just as interesting and that you perhaps don't know.**

- **Oh, thank you! In fact, I have been looking for a library since yesterday.**

- **There is the National Library not far from here...**

À ce moment-là, mon téléphone sonne. C'est Simon, notre ami avec qui on est censés se voir au Rio. Je **décroche** :

- Allô ! Oui, en fait nous sommes arrivés, mais le Rio est fermé. Tu es où ? Ah ! Ne bouge pas, nous arrivons dans dix minutes.

At that very moment, my phone rings. It's Simon, our friend who we were supposed to meet at Rio. I pick up:

- **Hello! Yes, in fact we are here, but Rio is closed. Where are you? Ah! Don't move, we will be there in ten minutes.**

Je me tourne vers la touriste :

- En fait, notre ami nous attend là-bas. On peut **vous y emmener** si vous voulez.

- Ah ! Super ! Merci beaucoup.

- Il n'y a pas de quoi. Venez, on prend le métro.

I turn to the tourist:

- **In fact, our friend is waiting for us there. We can take you there if you like?**

- **Ah! Great! Thanks a lot.**

- **Don't mention it. Come on, we're taking the metro.**

GLOSSARY :

Retrouvons (retrouver) = We meet (to meet) (in this case, but in general it's "to find")

Fer forgé = Wrought iron

Le concierge = The janitor

Etranger = Foreign, foreigner

Dommage = Too bad

Prochain = Next

Repartir = To go back

Endroits = Places

Une région = A region

Amusant = Entertaining, amusing

Suis très contente (être très contente) (f.) = I am very happy (to be very happy)

Séjour linguistique = Linguistic stay, trip

Une bibliothèque = A library

Décroche (décrocher)= Pick up (to pick up) (the phone)

Vous y emmener = Take you there

Conclusion

You have just completed the 30 short stories in this book. I certainly hope that the collection of stories you have read will encourage you to continue learning French. Reading can be one of the best – and most enjoyable – activities you can do to develop your language skills.

If fully consumed as we have intended, these French short stories should have helped you improve your reading and listening comprehension in French, and the audio should have allowed you to follow the words, exposing you to the correct French pronunciation, which is crucial at the beginning of your lessons.

If you need more help with learning French, please visit www. talkinfrench.com. There are so many great materials there waiting for you to discover them. Whether it's help with grammar, vocabulary, or French culture and travel, I'll always be here to guide you as you keep learning French.

Merci,

Frédéric

Instructions on How to Download the Audio

- Go to this link : https://www.talkinfrench.com/download-complete-beginners-short-stories/

- You will see a *CLICK HERE* button on that page. When you click on that, it will take you to a Dropbox folder.

- You will see that the MP3 files are saved in the Dropbox folder. If you're not familiar with what Dropbox is or how it works – no need to panic – it's simply a storage facility.

- There is **NO NEED** for you to create a Dropbox account and **NO NEED to sign up** if you don't have an existing Dropbox account. All you have to do is locate the *DOWNLOAD* button on the Dropbox folder (clue: it's at the upper right portion of your screen). Just click that button and start the download.

  (Note: If you have a Dropbox account, you can choose to save it to your own Dropbox which you can then access anywhere on connected devices.)

- The files you have downloaded will have been saved in a *.zip* file. Simply extract these files from the *.zip* folder, save to your computer or copy to your preferred devices… *et voilà !* You can now listen to the audio any time and anywhere.

About the Author

Frédéric Bibard is the founder of TalkInFrench.com, a French language and culture website, named as the #1 language blog in the 2016 Best Language Learning Blogs by bab.la and Lexiophiles.

He spent several years teaching French while traveling abroad and has since moved back to Paris to dedicate his time to developing fun and helpful French language resources.

He takes food seriously (he is French, after all), but he complements it with a love of running, which allows him to nurture his passion for good food while staying in shape.

Say hello to him on Twitter (@fredericbibard) and Google+ or visit his website www.talkinfrench.com.

Learn French with Stories for Beginners Vol 1–3: The Ultimate Reading and Comprehension Bundle for Beginners

- A total of 45 short stories about a variety of familiar scenarios and fun topics.
- No dictionary necessary. Each story is broken down with a French and English glossary. No need to look up words you don't understand.
- More than 4,000 French words translated. Give your vocabulary an instant boost.
- Diverse grammar structures and vocabulary. The stories feature a good mix of dialogue and descriptions to give you a better grasp of both formal and everyday French.
- 3 formats available: PDF, MOBI (for kindle), EPUB (for e-reader).
- 15 hours of audio for you to listen to. Practice your pronunciation and your listening with the free MP3 that you can listen to anywhere.
- Each story is narrated by a native French speaker and is recorded in two different ways:
  1. A slow version to help beginners follow along and practice their pronunciation.
  2. A normal speed for intermediate learners or for beginners who wish to review their progress.

Get it now at the Talk in French Store

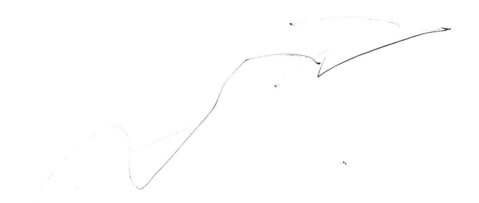

CPSIA information can be obtained
at www.ICGtesting.com
Printed in the USA
LVHW080031200721
693149LV00024B/787

9 781981 446421